本丛书是**全球首套**全面系统介绍"军用马伽术"的中文版体育科普图书

以色列国防军格斗技术全解

擒拿脱解

张海 / 编著

·KRAV MAGA·
ISRAEL DEFENSE FORCES
COMBATIVE TECHNOLOGY COMPELETE SOLUTION

保护你的身体
保护你的家人
做你内心期望的"战士"
从马伽术开始……

山西出版传媒集团
山西科学技术出版社

编 写 说 明

☆ 本套丛书单纯针对以色列军事格斗技术进行客观描述与解析，作者及出版方不代表任何组织、派系，也不抱有任何民族倾向和政治立场。

☆ 丛书中演示人物及着装均为3D虚拟形象，与现实以色列国防军官兵服饰装备存在差异，读者无需对号入座。

☆ 由于军事格斗技术在学习与训练方面存在一定危险性，某些技法运用不当，可能会给同伴或者自己带来永久性伤害，普通读者应尽量在有经验的老师指导下展开训练，以确保安全！

☆ 在实际运用时，要严格遵循国家相关法律规定，谨慎出手，正当防卫，切勿不分场合与条件，滥用本丛书中所描述的具有危害性的技术！

前言

以色列（State of Israel），是一个位于西亚黎凡特地区的国家，处于地中海的东南方向，北靠黎巴嫩，东濒叙利亚和约旦，西南边则是埃及。国民人口近千万，主要来自犹太族群，也是世界上唯一以犹太人为主体的国家。

以色列于1948年5月14日正式宣布独立建国。同年5月26日组建国防军，由陆军、空军和海军组成。其主要目的为保护以色列之领土、社会不受侵犯，保护以色列居民安全，以及消除日常生活中的任何危害，执行战斗。

以色列国防军（Israel Defense Forces 简称IDF）前身是哈嘎纳(Hagana)。哈嘎纳（希伯来语中意为防卫队）建立于1920年12月，是以色列在英国殖民托管时期的一支以犹太工人为主体的地下军事抵抗组织。确切地说是一支准军事组织，或者叫做游击队。在第二次世界大战时期，这支犹太领土上的长住武装力量，发动实施的各种军事行动，也是屡屡令德军闻风丧胆、谈虎色变。国防军成立后，哈嘎纳理所当然地成为其中坚力量。

以色列国防军，是中东地区国防预算最高的军队之一。其军事装备大量依赖于来自美国等西方国家的高科技武器系统，人员配备与训练方面则强调精良的品质以及完善的制度，而不是人员的数量多寡。在与阿拉伯国家进行的五场大规模战争和其他无数的小型冲突中，数量上处于劣势的以军，凭借其明显的质量优势，一再表现出令人惊异的战斗能力。目前，以色列国防军已经成为世界上最具战争经验的武装力量，并且是中东地区装备最好、素质最高、战斗力最强的军队，是名副其实的训练有素、作风顽强、能征善战之旅。

以色列国防军在着重强调科技先行、精良装备的同时，还特别注重战士单兵

技能的训练，尤其是徒手格斗技术的训练更是重中之重。

以色列国防军格斗术（KRAV MAGA）是由以色列军方倡导、精心开发，并向包括军警宪特人员在内的全体国民全力推广普及的一套实战应用价值极高的近距离全接触自卫格斗体系。

KRAV MAGA，在以色列犹太民族语言希伯来语中的意思是"接触战斗"，即近身格斗的意思。中文译作"卡乌·马戈"，或者"克拉夫·马格"。在中国，格斗爱好者大多习惯将其称作"马伽术"。

以色列国防军格斗术最早起源于哈嘎纳游击队时期，被士兵们称作"卡帕扑（KAPAP）"，意思是"面对面的格斗"。当时的"卡帕扑"并不是单纯的技击术，而是由严格的身体训练、轻武器与爆破训练、无线电通讯、野外生存、战争救援和外语指导等构成的复合体。肉搏战的课程主要围绕拳击、古典式摔跤，以及英国军刀与军棍的训练。经过20世纪最为惨烈的纳粹恐怖主义迫害活动与第二次世界大战及中东战争的无数次磨炼和考验，才逐渐演化形成了一套完整的格斗体系，并被世界各国军界公认为当今最实用军事格斗体系之一。

以色列国防军格斗术的创始人，大家普遍认为是以色列杰出的拳击手、摔跤手及格斗专家艾米·里奇费尔德（Imi Lichtenfeld）。他被格斗界誉为KRAV MAGA的开山祖师。

第二次世界大战和一系列独立战争结束后，犹太临时政府单方面宣布成立以色列国，迫于当时的政治形式，以色列建国不久就很快又与邻国发生了战争，而以色列士兵则都是刚刚应征入伍、毫无作战经验的新兵，并且兵源素质参差不齐。鉴于这点，以色列军方急需一种易学好记且行之有效的徒手格斗术。时任以色列国防军徒手格斗和健身训练首席教官的里奇费尔德，只好给这些刚刚应征入伍、毫无打斗经验的"杂牌军"教授一些在格斗中靠本能就用得上的更加简单实用的格斗方法。他以多种以色列自卫术体系以及几种亚洲格斗体系中的技术为基础，采用科学的方法研究了人们在各种攻击面前的本能反应，而后根据这些自然反应，严格检验各种技术的实用价值，只保留了那些在强大压力下仍然能够发挥作用的技术。以色列国防军格斗术（KRAV MAGA）就是在这种特殊环境和艰苦条件下应运而生，并初具雏形的。

前言

由于是否具备格斗能力成为以色列军队士兵所必须面临的、实实在在而又时间紧迫的现实需求，艾米·里奇费尔德创编的KRAV MAGA格斗体系在其传授过程中，摒弃掉了非实战格斗本质的浮华内容，而是通过一段紧凑而又讲究实效的短期培训后，赋予每个士兵全面的身体竞斗能力。他的格斗术与比赛中使用的技术有了质的区别，他对许多格斗动作进行了大胆革新。正是这些革新，使格斗术由获取竞技胜算的手段而升华为保全生命和置敌于死地的武器。这也正是日后艾米·里奇费尔德这个名字之所以能够蜚声世界的重要原因。

以色列国防军格斗术的技术特点非常鲜明，可以用"安全实效、简单易学、技术全面、不择手段"这几个词来概括。

安全实效。KRAV MAGA不是一般意义上的武术，练习这种格斗术的目的不是被用来欺压良善，也不是用作比赛竞技之用，"自卫以求生"是其首要的宗旨。简单地说就是，当你在战场上遭受敌人或者武装恐怖分子的突然袭击时，你能凭借KRAV MAGA保证自己安然无恙，KRAV MAGA能带你安全回家与亲人们团聚。KRAV MAGA这种格斗术是植根于反对恐怖主义行为之中的，是在极端暴力的历史背景下形成的，并随着现代搏击技术和自卫术的发展而发展的。其在技术设计上具有明显的攻击性，它唯一目标是用尽可能快的方式消除敌人对自身的威胁。

简单易学。KRAV MAGA格斗体系认为，好的格斗技术是要适应练习者的，而不是让练习者来适合它。也就是说，练习者要把自卫术建立在自己身体自然反应的基础上，依赖连贯的本能动作完成防卫，因此动作的简洁实用性是非常重要的。无论攻击动作还是防守动作，只有简洁才能做到易学易用。尤其是在面对利刃攻击或者手枪威胁时，不论对方攻击你身体任何部位，你都应该在第一时间里做出反应，自如地运用所学技术来应付。事实上，KRAV MAGA的格斗技术动作都是经过精心选择和推敲的，在编排这些技法时强调简捷快速、短促实用，忌讳繁琐与华而不实。教官在教授给士兵时也是求精而勿贪多，强调用大量的时间和经历来磨炼这些在实战中依靠身体本能就可以随欲而用的基本动作，让最有效的防卫方式成为人的本能性反应。繁杂拖沓的动作往往无法收到预期效果，只有简

单快速的动作才是取得胜利的法宝。短促简洁、易学易练的特点，使它适合于不同年龄和体质的士兵掌握。

技术全面。KRAV MAGA格斗技术的另外一个重要特点或者理念就是要全面训练，只有经过全面的训练，才能确保士兵在技术上没有短板。在训练过程中，教官会模仿各种攻击模式和现实场景，教授士兵如何应对危急情况，处理复杂局面。内容包括肢体攻防技术、擒拿脱解技术、近身缠斗技术、地面打斗技术、徒手防御刀枪棍棒攻击，以及如何以寡敌众、保护长官、解救人质、抢夺爆炸物，等等。同时还会告诉你很多与实战相关的原理，比如说战术应用、格斗心理，以及如何利用当前环境使自己处于有利地位等。

不择手段。作为军事格斗术，KRAV MAGA把格斗训练的基本原则定义为"无规则"法则。其招式根据人的直觉和本能反应而生，攻击敌人容易受伤的部位，务求能够成功自卫和击败敌人。KRAV MAGA要求受训者在抗暴护身时首先要记住一点，就是为取胜而做各种可能做的事情。在与敌人拼搏时，只要能打败对方，可以不择手段。除了可以应用常规的踢、打、摔、拿技术外，用嘴咬人，用手指挖人眼睛，用头撞，用膝盖和肘关节攻击等一切以生存为目的的动作都是被允许的。像公文包、椅子或钥匙等日常生活用品也都能作为很好的武器，运用于进攻和防守中。这也是其区别于"民用版"格斗术的重要特点，因为在战场上你不会受到"防卫过当"一类法律条款的束缚和制约。

KRAV MAGA最初应用于以色列国防军以及特种作战部队训练，后来它逐渐成为以色列其他军事人员、警察和安全反恐机构成员的正式搏击训练项目。众多热爱这门格斗技术的技击专家也积极投身其中，开始研究、改进，并不断发展这门格斗术。如今，以色列格斗技术在全球范围内被广泛应用于执法、特种作战，以及平民百姓自卫防身等领域，并且深受广大格斗爱好者的喜爱与推崇。

随着世界各国军事、经济、文化的频繁交流，在众多以色列KRAV MAGA格斗专家们的不懈努力下，KRAV MAGA的传播早已超越了国界限制。当今世界各地许多人都加入到学习KRAV MAGA的行列，不论是在社区中心、公园广场，还是在健身俱乐部，都可以看到练习这项技术的人。因为21世纪的人们更看好如何用各种方法来保护自己，避免遭到身体上的伤害，而简单易学、效果突出的KRAV MAGA当然是首选。

在拥有大量以色列移民的美国，许多地方执法部门、联邦机构、警察局和其他特别行动组织机构，如联邦调查局、药物管理局、酒精烟草和枪械管理局、毒品管理局、财政部、移民局、中央情报局、海岸自卫队都把KRAV MAGA引入他们的日常格斗训练里。

在以武术运动闻名世界的中国，以色列的KRAV MAGA也被众多格斗爱好者所熟知。世界各大KRAV MAGA组织，如Israel Krav Maga Association（IKMA）、International Krav Maga Federation（IKMF）、Krav Maga World Wide（KMWW）、Krav Maga Global（KMG）等，也都纷纷在我国设立了中国代表处。在这些组织机构的各种商业运作与广告宣传的强大攻势下，中国格斗爱好者对以色列格斗术的喜爱程度也与日俱增，大家对于KRAV MAGA体系内容的求知欲也不断攀升，渴望至极。

鉴于此，为了满足中国格斗爱好者的迫切需求，本人不揣浅薄，与山西科学技术出版社合作推出了《以色列国防军格斗技术全解》这套丛书，希望通过《徒手格斗》《擒拿脱解》《地面打斗》《刀棍攻防》《防暴应用》这五本书，能够帮助大家对以色列国防军格斗技术体系有一个感官上的认识和了解，权且当作是抛砖引玉吧。

Contents

目录

第一章　针对掐窒脖颈的防御技术 / 001

第一节　正面掐窒脖颈的防御方法 / 003

第二节　背后掐窒脖颈的防御方法 / 021

第三节　侧面掐窒脖颈的防御方法 / 039

第二章　针对圈扼脖颈的防御技术 / 053

第一节　侧面圈扼脖颈的防御方法 / 055

第二节　背后圈扼脖颈的防御方法 / 079

第三节　正面圈扼脖颈的防御方法 / 090

第三章　针对扣压脖颈的防御技术 / 099

第四章　针对熊抱的防御技术 / 113

第一节　正面熊抱的防御方法 / 115

第二节　背后熊抱的防御方法 / 135

第五章　针对抓扯头发的防御技术 / 165

第一节　针对正面抓扯头发的防御方法 / 167

第二节　针对侧面抓扯头发的防御方法 / 173

第三节　针对背后抓扯头发的防御方法 / 177

第六章　针对抓扯手腕或手臂的防御技术 / 181

第一节　单手抓扯同侧手腕或手臂的防御方法 / 183

第二节　单手抓扯异侧手腕或手臂的防御方法 / 194

第三节　双手抓扯单侧手腕或手臂的防御方法 / 204

第四节　双手抓扯双侧手腕或手臂的防御方法 / 230

第七章　针对抓扯胸襟的防御技术 / 251

第一节　双手抓扯胸襟的防御方法 / 253

第二节　单手抓扯胸襟的防御方法 / 264

第八章　针对抓扯肩背的防御技术 / 281

第一节　单手抓扯单侧肩背的防御方法 / 283

第二节　双手抓扯双侧肩背的防御方法 / 289

后记 / 292

第一章

针对掐窒脖颈的防御技术

所谓掐窒脖颈，就是指用双手针对脖颈实施的掐、卡动作。由于颈部是人体主要的呼吸通道，也是人体供给大脑血液的唯一通道，所以其一旦遭受巨大外力的压迫和阻滞，即可造成头部供血不足、呼吸困难、窒息，从而丧失战斗力。

实战中常见的窒息威胁可以来自身体的正前方，可以来自身体的侧面，也可以来自身体的背后。事实上掐窒技术可以由身体的不同方向展开实施，形式上也不仅仅局限于静态的双手卡掐，还可以在卡掐的同时用力推搡或者拖扯，并且可以在各种特殊环境下运用，尤其是身体被抵顶在车辆、墙壁等障碍物上时，其危害与杀伤力更是非常明显的。

在格斗过程中，各种擒拿控制技术，大都是运用各种关节技来降服对方、抓捕敌人，被动一方存在危险，但不至于丧命。然而，唯独掐窒技术，是存在致命危险的降服手段。这也正是为什么在当今各种形式的格斗比赛中，都明令禁止使用针对脖颈的卡、掐动作的原因所在。

在战场上敌人使用窒息技术来对付你，一般都是要置你于死地的，其手段必然也是无比残忍凶狠的，因此面对这类致命的攻击，作为一名战士，必须要有充分的心理准备，并熟练掌握相应的防御与脱解反击技能。

第一节
正面掐窒脖颈的防御方法

脖颈是咽喉和呼吸道所在地,其所处的重要位置是不言而喻的。因此,一旦脖颈被控制,尤其是当敌人由正面用双手的大拇指卡扼压迫在气管部位上的时候(图1-1-1),危险性就更加巨大了,必须立即采取相应的措施逃脱,否则后果不堪设想。你不仅会面临呼吸困难的窘境,而且敌人很可能在牢牢控制你脖颈的同时,猝然俯首低头前冲,用前额撞击你面门,令你瞬间鼻口蹿血、面目全非,直至彻底晕厥,这是极为被动的局面。

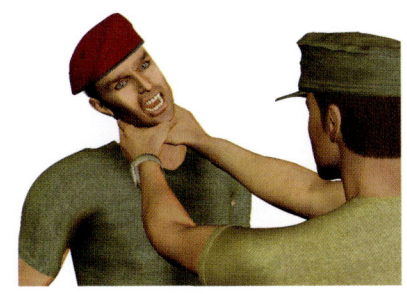

图1-1-1

A 抠按耳根→攻击咽喉

【动作说明】

(1)敌我双方正面交锋,敌人用双手卡掐住我的脖颈,对我的咽喉形成威胁(图1-1-2)。

(2)面对这种被动局面,我可以抬起左臂,由对方双臂间穿过、向前伸展,用左手勾搂住其脖颈右后侧,大拇指用力抠按其耳根后方下颌根部与脸颊衔接凹陷处,令其产生剧痛,从而放松对我的控制(图1-1-3、

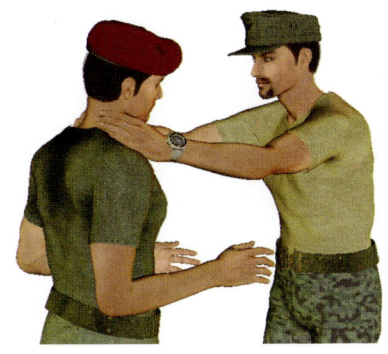

图1-1-2

图1-1-3A)。

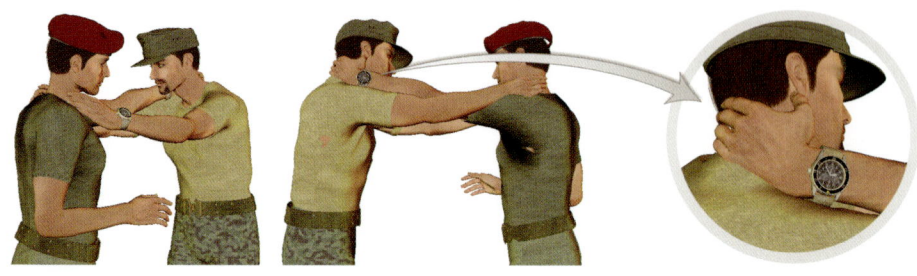

图1-1-3　　　　　　　图1-1-3A

（3）也可以在用左手扳揽住敌人后脖颈的基础上，伸出右手，用力锁掐对方的咽喉，令其呼吸困难而放松双手对我的掐窒（图1-1-4）。

（4）或者还可以用左手扳揽住敌人后脖颈后，右臂向前快速伸展，以右手食指和中指指尖为力点猛戳对方咽喉部位，或者抵住其咽喉用力向前推抵，这种戳击所带来的痛苦，一般人是很难忍受的（图1-1-5）。

图1-1-4

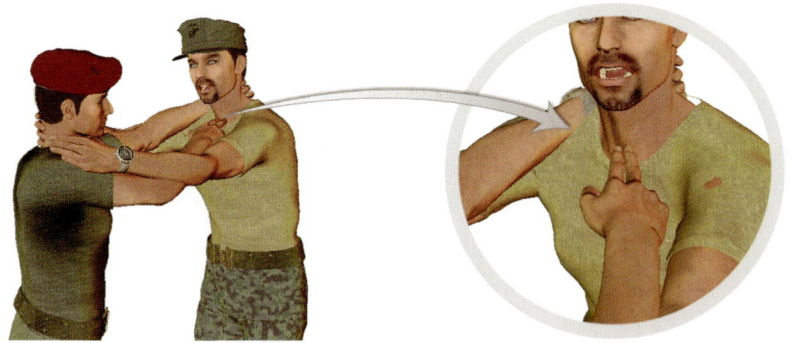

图1-1-5

第一章 针对掐窒脖颈的防御技术

技术要领

★ 这些反击方法，看起来动作简单，但却是在面对正面掐窒威胁时最行之有效的防御手段，一般都是针对敌人最为脆弱的身体部位发动攻击，完全可以达到一击制胜的效果。

★ 这里特别强调，针对咽喉部位的强力攻击是存在生命危险的，所以在日常训练当中要注意掌握分寸，点到为止。

B 敲臂击面

【动作说明】

（1）敌人由正面用双手卡掐住我的脖颈，实施攻击（图1-1-6）。

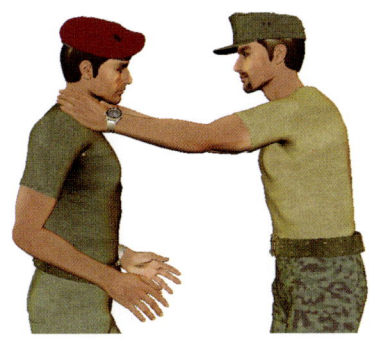 

图1-1-6　　　　　　　　　　　图1-1-7

（2）我迅速屈肘向上抬起双臂，双拳拳心向上，以双拳指节部位为力点快速敲击对方双大臂下方，可以迫使其放松双手的掐窒力度（图1-1-7）。

（3）继而，左手由对方右臂上方绕过，屈肘扣按住其左侧肩头；同时挥舞右手，以掌根为力点连续攻击对方面部，可令其彻底放弃对我脖颈的控制（图1-1-8、图1-1-9）。

图1-1-8

图1-1-9

技术要领

★ 双大臂外侧位置存在一条"麻筋",双拳快速敲击此处,虽然力量不是很大,但可以令其双臂瞬间麻木,从而达到挣脱其控制的目的。

★ 随后的攻击动作,可以用手掌击打,也可以用拳肘袭击,可不拘一格、灵活变通。

C 单手揽颈→推鼻反击

【动作说明】

(1) 敌我双方正面交锋,敌人用双手卡掐住我的脖颈,对我的咽喉形成威胁(图1-1-10)。

(2) 面对这种被动局面,我可以抬起左臂,由对方双臂间穿过、向前伸展,用左手勾搂住其脖颈右后侧(图1-1-11)。

(3) 在用左手扳揽住敌人后脖颈的基础上,右臂向前、向上伸展,以右手掌根为力点猛推敌人鼻子下

图1-1-10

端根部（图1-1-12）。

图1-1-11　　　　　　　图1-1-12

(4) 几乎同时，右脚向前上步，身体重心快速前移，右掌抵住对方鼻根，用力向前推送，瞬间可导致对方身体重心失衡，而踉跄后退、仰摔在地（图1-1-13、图1-1-14）。

图1-1-13　　　　　　　图1-1-14

技术要领

★右掌的推力不是单纯来源于手臂的力量，而是要借助右脚上步的冲力辅助完成。

★右掌推抵时运行的路线不是直线，而是向前、向上、再向前的一条波浪线，这点要特别注意。

D 单手掰腕→推颌反击

（1）敌人由正面向我发动攻击，突然伸出双手、张开虎口卡扼住我的脖颈，大拇指压迫我的气管部位，并准备低头前冲，以前额撞击我面门（图1-1-15）。

（2）我必须迅速做出反应，化解危机，否则后果不堪设想，我可以立即抬起左臂，屈肘由外向内以左手扣按住对方右腕内侧。几乎同时，左脚向前逼近，身体重心前移（图1-1-16）。

图1-1-15

图1-1-16

图1-1-17

（3）旋即，左臂屈肘夹紧，左手腕部用力向下压扣、掰拉，迫使敌人右手脱离我脖颈；同时右臂屈肘，蓄势待发（图1-1-17）。

（4）动作不停，身体略左转，右脚蹬地，推送身体重心向前过渡，右臂顺势伸展，以右手掌根为力点向前上方猛推敌人下颌（图1-1-18）。

（5）如果与敌人的距离比较近，也可以用右手上勾拳发动连续袭击，迫使对方放弃对我的控制（图1-1-19）。

第一章 针对掐窒脖颈的防御技术

图1-1-18

图1-1-19

技术要领

★ 整体动作要连贯、协调，脱与打有机结合，一气呵成。右手出击时，身体一定要配合左转，拧腰转胯，右脚用力向后蹬踏地面，这样才能将右掌攻击的力量发挥至极致。

★ 该技术实施成功的关键在于出击动作的突发性，而不是力量有多大。反应敏捷，出手迅猛，切勿犹豫，动作迟疑了很容易遭到对方头部的冲撞。

E 沉肘压臂脱解→扫肘反击

【动作说明】

（1）实战中，敌我双方对峙，敌人突然前冲，扑奔过来，并伸出双手、张开虎口卡掐住我的脖颈，且用力将我向后推搡，令我处于极度被动的局面。这种威胁比普通的脖颈被卡锁要危险得多，必须立即采取正确的摆脱措施（图1-1-20）。

（2）此时，可以不断向后退步，以缓解敌人的冲劲，化解危机（图1-1-21）。

图1-1-20

图 1-1-21　　　　　　　　　图 1-1-22

（3）在对方前冲势头减弱的一刹那，身体猛然左转，同时右臂伸展，高高向上抬起，以右侧腋窝裹挟住他的左手，对其形成一定的压力（图1-1-22）。

（4）动作不停，左臂屈肘内扣，左手扣抓住敌人右手，并用力向下拉扯。同时双腿屈膝，身体继续左转，重心猛然下沉，右臂随之屈肘下沉，以肘尖及大臂外侧为力点猝然垂直向下沉压，迫使对方双手放松对我脖颈的控制（图1-1-23）。

图 1-1-23　　　　　　　　　图 1-1-24

（5）继而，身体再猛然右转，身体重心向右过渡，在左手牢牢控制住敌人右手的前提下，右臂屈肘随身体的转动向右后方摆扫，以右肘尖为力点狠狠袭击对方下颌或者头部（图1-1-24）。

第一章 针对掐窒脖颈的防御技术

技术要领

★ 在对方强势前冲的时候,尽量不要与之顶牛抗衡,明智的方法是顺应他的发力方向,采取反制措施,快速退步,上体后仰,以泄其力。

★ 身体左转时,动作幅度要大、要突然,但应注意身体的平衡,双脚要牢牢扎稳,右臂尽量向上伸展,右大臂和肩头尽量靠近自己右耳侧,重心略向上提起,蓄势待发。

★ 左手的拉扯、身体的左转、重心的下沉、右臂的沉压,这些迫使敌人双手放松对我脖颈控制的一系列动作,要连贯协调,一触即发,才能收到预期的效果。

★ 随后的后扫肘攻击,要出击果断,毫不犹豫,才可以彻底瓦解敌人对我的控制。

F 沉肘压臂脱解 → 转身扫肘

【动作说明】

(1) 敌人由正面向我发动攻击,突然快步前冲,伸出双手、张开虎口卡住我的脖颈,并用力推搡,对我形成威胁(图1-1-25)。

图1-1-25

图1-1-26

（2）在敌人双手触及我脖颈的瞬间，我迅速向左侧转身，左脚后撤一步，以缓解敌人的冲劲，化解危机。几乎在身体转动的同时，右臂向上高高扬起，以右侧腋窝裹挟住对方的左手，对其形成一定的压力（图1-1-26、图1-1-27）。

图1-1-27

图1-1-28

（3）动作不停，右脚向前迈进一步，身体继续左转，右臂屈肘，以肘尖及大臂外侧为力点猝然垂直向下沉压，彻底摆脱敌人双手对我脖颈的控制（图1-1-28）。

（4）紧接着，左脚向左后方背步，身体左转不停，使身体背对敌人（图1-1-29）。

图1-1-29

图1-1-30

（5）动作不停，右脚朝右前方上步，身体继续左转，左臂屈肘随之向左后方沿弧线摆动出击，以肘尖为力点狠狠击打敌人后脖颈，瞬间的肘击可以令其当即瘫软在地（图1-1-30至图1-1-32）。

第一章　针对掐窒脖颈的防御技术

图1-1-31

图1-1-32

> **技术要领**
>
> ★在这一招式中，身体旋转的幅度比较大，要注意控制好身体重心的平衡。身体的转动要与脚步的移动配合协调，转动灵活，脚步敏捷。
>
> ★要充分利用身体转动产生的裹挟之力来摆脱敌人的控制，同样也是利用身体旋转所产生的动势来扫肘反击。
>
> ★左肘发动攻击时，左手握拳，右手推按左拳拳面，以加大打击力度。

G　压腕脱解→转身砍颈

【动作说明】

（1）敌人由正面向我发动攻击，突然快步前冲，伸出双手、张开虎口卡住我的脖颈，并用力推搡，对我形成威胁（图1-1-33）。

（2）我借其前推之力，身体快速左转，同时右臂向上高高扬起，以右侧腋窝裹挟住对方的左手，对其形成一定的压力。利用身体左转的动势，右臂屈肘，以肘尖及大臂外侧为力点猝然垂直向下沉压，迫使敌人双手放

图1-1-33

松对我脖颈的控制（图1-1-34、图1-1-35）。

图1-1-34

图1-1-35

（3）动作不停，左脚向身体左后方沿弧形路线移动一大步，身体继续左转，带动左臂朝左后方挥舞摆动，以左掌掌刃为力点劈砍敌人后脖颈，予以反击（图1-1-36、图1-1-37）。

图1-1-36

图1-1-37

技术要领

★左脚向左后方背步的幅度要大，使自己成功地移动到敌人身体左后方，在此基础之上，上体加速旋转，带动左臂攻出，令身体旋转所产生的惯力全部倾注于掌刃之上。

★由于身体转动的幅度较大，所以要注意保持身体的平衡，转动过程中，身体重心可适当放低。

第一章 针对掐室脖颈的防御技术

H 双手掰腕踢裆 → 冲膝撞胸 → 捶击后脑

【动作说明】

（1）敌人由正面向我发动攻击，突然伸出双手、张开虎口卡住我的脖颈，并死死掐扼，意图令我窒息（图1-1-38）。

图1-1-38　　　　　　　　　　图1-1-39

（2）在敌人双手触及我脖颈的瞬间，我迅速抬起双臂，屈肘由外向内以双手扣抓住对方双腕内侧，并用力向两侧掰拉，以泄其力（图1-1-39）。

（3）动作不停，上体略后仰，双臂猛然屈肘下沉，双手勾住对方双腕顺势将其由我脖颈处沿我双肩拉向身体两侧。同时，右腿抬起向前狠狠挂踢对方裆部腹股沟位置，破解对手控制的同时予以重创（图1-1-40）。

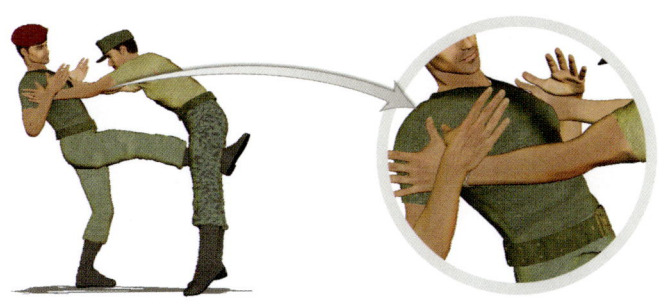

图1-1-40

（4）当对方下盘遭受攻击后，势必会因疼痛而向前俯身，我可以趁机再以膝盖冲顶其上身胸部（图1-1-41）。

图1-1-41

图1-1-42

（5）继而，还可以抡动右拳针对敌人后脑实施连续捶击（图1-1-42）。

技术要领

★双手勾扣住对方双腕内侧的动作要及时到位，要用双手大拇指扣住敌人大拇指内侧，向身体两侧拉扯的同时，上体务必要配合后仰，右腿顺势而出，整体动作要脆快、连贯、协调，上下呼应。

★由于彼此纠缠，交手距离较近，右腿出击时，尽量以小腿胫骨部位为力点，可以连续攻击，以确保打击效果。

★右腿攻出的时候，左腿可略微弯曲膝盖，以保持身体重心的平衡。

★右腿攻击对方的时候，双臂要屈肘内扣、夹紧，牵制住对方的上肢，避免对方向后撤身。随后的进一步打击，可随势而定，灵活应用。

第一章 针对掐窒脖颈的防御技术

I 沉肘压臂→顶裆踹膝

【动作说明】

（1）实战中，敌人突然前冲，并伸出双手、张开虎口卡掐住我的脖颈，令我处于极度被动的局面（图1-1-43）。

图1-1-43　　　　　　　图1-1-44　　　　　　　图1-1-45

（2）在对方双手触及我脖颈的一刹那，我身体猛然右转，左臂伸展，高高向上抬起，以左侧腋窝裹挟住他的右手腕部，对其形成一定的压力；同时，右臂屈肘内扣，右手扣抓住敌人左手，并用力向下拉扯（图1-1-44）。

（3）动作不停，在右手拉扯对方左手的同时，双腿屈膝，身体继续右转，重心猛然下沉，左臂随之屈肘下砸，以肘尖及大臂外侧为力点猝然垂直向下沉压，迫使对方双手放松对我脖颈的控制（图1-1-45）。

（4）继而，身体再猛然左转，在右手牢牢控制住敌人左手的前提下，左臂屈肘随身体的转动向左后方摆扫，以左肘尖为力点狠狠袭击对方下颌或者头部（图1-1-46）。

（5）紧接着，身体重心向前移动，左手抓扯住对方左侧肩头，用力向下压制,迫使其向前俯身。旋即,抬起左腿,以膝盖为力点冲顶敌人裆部(图1-1-47、图1-1-48)。

图1-1-46

图1-1-47

图1-1-48

(6)进一步,可以在对方蹲身护裆的时候,再用左脚蹬踹敌人右腿膝盖部位,将其踹倒在地(图1-1-49至图1-1-51)。

图1-1-49

图1-1-50

图1-1-51

技术要领

★身体右转时,动作幅度要大、要突然,但应注意身体的平衡,双脚要牢牢扎稳,左臂尽量向上伸展,左大臂和肩头尽量靠近自己左耳侧,重心略向上提起,蓄势待发。

★右手的拉扯、身体的右转、重心的下沉、左臂的沉压,这一系列动作,要连贯协调,一触即发,才能收到预期的效果。

第一章 针对掐窒脖颈的防御技术

J 拉腕挑肘→撅指踢头

【动作说明】

（1）敌人由正面伸出双手、张开虎口卡掐住我的脖颈，实施进攻（图1-1-52）。

图1-1-52　　　　　　图1-1-53

（2）我立即抬起左臂，屈肘由外向内以左手扣按住对方右腕内侧。几乎同时，左脚向前逼近，身体重心前移（图1-1-53）。

（3）动作不停，在接近对方的一刹那，身体猛然左转，左臂屈肘夹紧，左手用力向下掰拉其右腕，迫使敌人右手脱离我脖颈，并顺势抓握住对方右手大拇指。同时右臂屈肘，借身体左转之势向右上方快速扬起，以肘尖为力点挑打敌人下颌（图1-1-54）。

图1-1-54

19

(4) 紧接着，向后移动脚步，身体重心后移，左手攥紧对方右手大拇指，用力向前下方撅折，并顺势向后拖拽，可令其身体重心失衡而向前扑倒（图1-1-55、图1-1-56）。

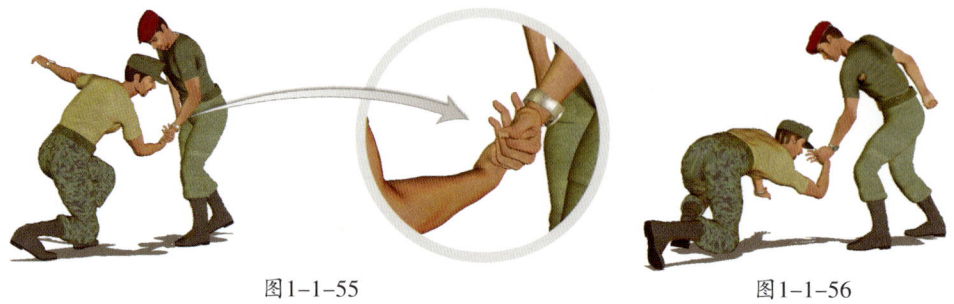

图1-1-55　　　　　　　　　　　图1-1-56

(5) 对方倒地后，我可以飞起右脚，猛踢敌人头部，予以重创（图1-1-57、图1-1-58）。

图1-1-57　　　　　　　　　　　图1-1-58

技术要领

★右挑肘动作要充分利用身体转动来发力攻击，攻击时身体重心配合向上提起，以助发力。

★在右肘攻击的同时，左手要迅速捕获对方右手大拇指，并将其牢牢攥紧，切勿让其抽脱。

第一章 针对掐窒脖颈的防御技术

第二节
背后掐窒脖颈的防御方法

相对于正面的攻击，由身后用双手卡掐脖颈（图1-2-1），危险性会弱一些，咽喉和气管遭受的压迫会轻一些。尽管如此，虽然没有正面窒息那么具备杀伤力，但由于是从身后发动的攻击，往往不易察觉，反应会迟滞，容易被敌人得手，一旦其攻击成功，依然是非常被动的局面，因为这会造成颈动脉

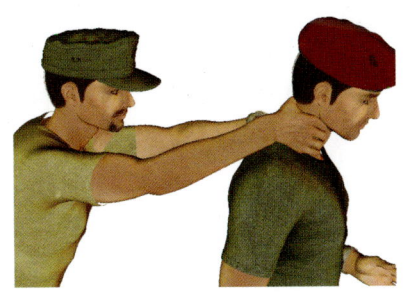

图1-2-1

供血不足，而导致头晕，甚至是昏厥。尤其是在对方加速前冲的状态下，还很容易被其推倒在地。实战中，也切不可掉以轻心。

A 撩裆扫肘→捶击面部→冲膝撞胸

【动作说明】

（1）实战中，敌人于我身后偷袭，突然伸出双手、张开虎口卡掐住我的脖颈，意图令我窒息（图1-2-2）。

（2）我身体重心迅速向前移动，低头、耸肩、缩颈，双臂自然抬起，在对方双手触及我脖颈的瞬间，立即双臂屈肘、由外向内向后上方以双手扣抓住对方双腕内侧靠近大拇指位置，并用力向两侧拉扯，以泄

图1-2-2

21

其力（图1-2-3、图1-2-4）。

图1-2-3　　　　　　　　图1-2-4

（3）在将敌人双手由我脖颈拉扯开的一刹那，右脚顺势向后移动半步，右臂向后方伸展摆动，以右掌撩拍对方裆腹部（图1-2-5、图1-2-6）。

图1-2-5　　　　　　　　图1-2-6

（4）继而，身体右转，右臂屈肘随腰胯的转动，用力向右后上方横扫，以肘尖部位为力点袭击敌人面部或者下颌（图1-2-7）。

（5）动作不停，

图1-2-7　　　　　　　　图1-2-8

身体继续向右转动，带动右臂伸展，以右拳拳轮为力点捶击对方面部（图1-2-8）。

（6）紧接着，双手快速捕捉对方上体，并用力向怀中拉扯，迫使其尽量靠近自己，左腿猛然屈膝抬起，以膝盖为力点向前上方顶撞敌人胸腹部，予以重创（图1-2-9）。

图1-2-9　　　　　　　　　　　　图1-2-10

（7）一连串攻击后，迅速移动脚步向后撤身，与敌人拉开距离（图1-2-10）。

技术要领

★双手勾扣住对方双腕内侧的动作要及时到位，不能犹豫，否则脖颈被对方卡紧，会导致呼吸困难，非常不利。在敌人双手脱离我脖颈的瞬间，要毫不犹豫地展开反击，右掌向右后下方的打击尽量用手掌前端，可以有效地延长打击距离。

★之后的后扫肘和捶击要连贯、自然，充分利用身体转动产生的惯性发力。右臂在实施一系列攻击动作的同时，左手要始终牢牢控制住敌人的左臂，尽量不要让他抽脱。

★左腿屈膝撞击对方身体时，双手一定要牢牢控制住他的上体，尽量将其拉近，才能收到最好的攻击效果。左腿起腿的同时，右腿要略微屈膝，降低身体重心，以维持自身的平衡。

B 撩裆挑肘→转身撅腕

【动作说明】

（1）实战中，敌人于我身后偷袭，突然伸出双手、张开虎口卡掐住我的脖颈，意图令我窒息（图1-2-11）。

（2）在对方双手触及我脖颈的瞬间，我立即双臂屈肘、由外向内向后上方以双手扣抓住对方双腕内侧靠近大拇指位置，并用力向两侧拉扯，以缓解对方掐窒力度（图1-2-12、图1-2-13）。

图1-2-11

图1-2-12

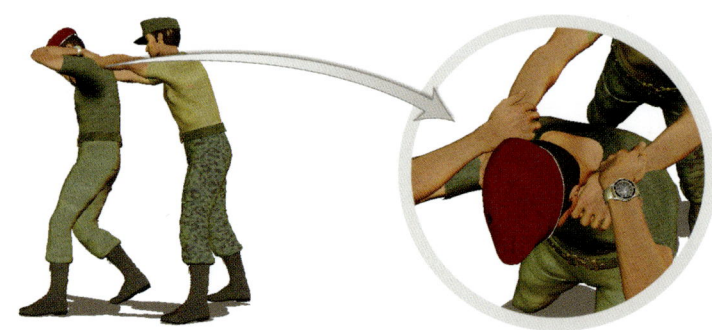

图1-2-13

（3）继而，在将敌人双手由我脖颈拉扯开的一刹那，右臂猛然向后方挥摆，以右掌撩拍对方裆部要害，左手顺势攥住对方左手腕部（图1-2-14）。

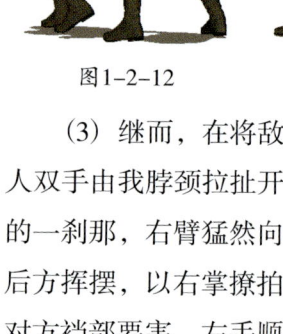

图1-2-14

（4）对方为了躲避攻击，会本能地俯身撅臀。我旋即将右臂屈肘向右后上方提起，以肘尖为力点自下而上挑打对方下颌（图1-2-15）。

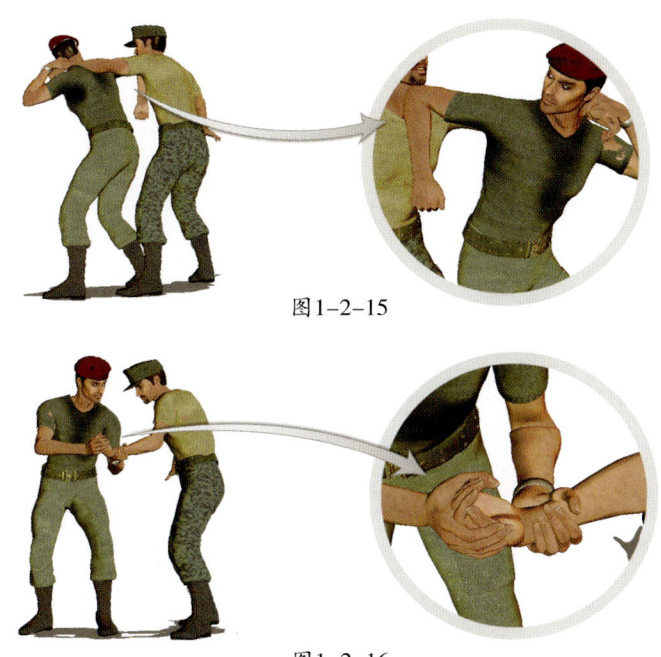

图1-2-15

图1-2-16

（5）紧接着，右脚向左前移动半步，身体左转，左脚随之向左后方移动半步，左手攥紧对方左腕，将其由我肩颈上方拉下来，随身体的转动将其旋拧至手心朝上，右手随即自下而上抄抓住其左手手背（图1-2-16）。

（6）动作不停，身体继续左转，直至面对敌人，左手用力向怀中拉扯对方左腕，右手则使劲向前下方推顶其左手手背，针对其腕关节实施撅折（图1-2-17）。

图1-2-17

技术要领

★ 右手针对敌人裆部以及下颌展开攻击时,左手不要放松,要始终牢牢抓住对方左手手腕。

★ 右脚上步的同时身体就要向左转动,左脚随之向左后方背步。脚步的移动要灵活、稳健。

★ 实施撅腕降服时,双手要协调动作,一手回拉一手前推,同时发力。

C 压腕转身捶击→直拳反击

【动作说明】

(1) 实战中,敌人于我背后偷袭,突然伸出双手、张开虎口由后向前卡掐住我的脖颈,且用力前冲将我向前推搡(图1-2-18)。

图1-2-18

图1-2-19

(2) 此时,我可以顺应对方的推力,不断向前移动脚步,以缓解敌人的冲劲(图1-2-19)。

(3) 在对方前冲势头减弱的一刹那,我身体猛然左后转,同时左臂伸展,高高向上抬起,重心略向上提起(图1-2-20)。

图1-2-20　　　　　　　　　图1-2-21

（4）身体继续向左转动，左臂随身体转动，屈肘向左下方摆动、下砸，以大臂后侧及肩胛后侧为力点拨压对方双手腕部，迫使其放松对我脖颈的控制。同时，以左拳拳轮为力点顺势捶击敌人头部左侧（图1-2-21）。

（5）身体左转不停，继而，可以用右手直拳针对对方头部予以连续攻击，直至其彻底放松对我控制，然后迅速移动脚步向后撤身，与敌人拉开距离（图1-2-22、图1-2-23）。

图1-2-22　　　　　　　　　图1-2-23

技术要领

★本势介绍的是针对背后推搡窒息的一种防御方法，实用且非常有效。运用时要求身体回转的速度要快，左臂向上抬起时，肱二头肌和肩尽可能接近你的左耳，动作幅度要大，出其不意。

★捶击与直拳攻击动作要顺势而为，可连续攻击。

D 压腕转身勾拳攻击→膝盖冲顶

【动作说明】

（1）实战中，敌人于我背后偷袭，突然前冲，扑奔过来，并伸出双手、张开虎口由后向前卡掐住我的脖颈，且用力将我向前推搡（图1-2-24）。

图1-2-24

图1-2-25

（2）此时，我可以顺应对方的推力，不断向前移动脚步，以缓解敌人的冲劲（图1-2-25）。

（3）在对方前冲势头减弱的一刹那，我右脚向前上步，身体猛然左后转。同时左臂伸展，高高向上抬起，大臂和肩头尽量靠近自己左耳侧，重心略向上提起（图1-2-26）。

（4）动作不停，身体继续向左转动，左脚顺势向左后方撤步。同时左臂随身体转动，屈肘向左下方摆动、砸压，以大臂后侧及肩腋后侧为力点拨压对方双手腕部，迫使其放松对我脖颈的控制，从而达到解脱之目的（图

图1-2-26

第一章　针对掐室脖颈的防御技术

1-2-27）。

图1-2-27　　　　　　　图1-2-28

（5）继而，可以挥舞右手平勾拳由外向内袭击敌人头部左侧（图1-2-28）。

（6）进一步，还可以用双手快速捕捉对方上体，并用力向怀中拉扯、下压，迫使其俯身并尽量靠近自己，左腿猛然屈膝抬起，以膝盖为力点向前上方顶撞敌人胸腹部，予以重创（图1-2-29）。

图1-2-29　　　　　　　图1-2-30

（7）一连串攻击后，迅速移动脚步向后撤身，与敌人拉开距离（图1-2-30）。

技术要领

★在敌人卡住我脖颈的前提下被其向前推搡，是一件非常恐怖的事情，因为这是在你毫无防备的情况下发生的，应对这种局面的时候，可以顺应对方的推力向前跟跄脚步，但务必要注意控制好身体的平衡，保持重心的稳定，千万不要被对方推倒，否则将更加被动。

★在将敌人的前冲力量缓解下来的瞬间,要迅速转体回身摆脱对方的控制,充分利用他的冲力,才能达到预期效果。平勾拳打击和左腿撞膝动作要顺势而为,水到渠成。

★整个脱解与反击动作要连贯顺畅,身法和步法配合协调。

E 转身压腕→扼颈冲膝→圈臂摔倒

【动作说明】

(1) 敌人于我背后偷袭,突然伸出双手、张开虎口由后向前卡掐住我的脖颈,且用力前冲将我向前推搡(图1-2-31)。

图1-2-31

图1-2-32

(2) 当敌人的双手触及我脖颈的瞬间,我左脚向前迈出半步,身体略微右转,左臂顺势朝头部左上方摆动;同时,右臂朝身体右后方摆动,以右手手掌猛力撩拍敌人裆部(图1-2-32)。

(3) 继而,右脚向前上步,身体再猛然左转,带动左臂向左后上方摆动,左手高高向上抬起,大臂和肩头尽量靠近自己左耳侧(图1-2-33)。

(4) 动作不停,身体继续向左转动,同时左臂随身体转动,屈肘向左下方摆动,以大臂后侧及肩腋后侧为力点拨压对方双手腕部,迫使其放松对我脖颈的控制(图1-2-34)。

图1-2-33

图1-2-34

(5) 旋即,在成功摆脱敌人双手控制的一刻,我左右手先后揽抱住对方的脖颈或者抓住其双肩,并用力向下压制、拉扯,令其俯身低头。同时右脚蹬地提起,右腿屈膝前冲,以膝盖为力点向前上方冲顶对方裆腹部(图1-2-35、图1-2-36)。

图1-2-35

图1-2-36

(6) 紧接着,右脚向后落地,右手抓住敌人后脖颈,右臂屈肘,以肘尖为力点向下抵压对方后脑位置,迫使其抬不起头来;同时,左臂向左侧伸展,撩挂住对方右臂(图1-2-37)。

图1-2-37　　　　　　　　　　　图1-2-38

（7）动作不停，左臂屈肘内旋，向上向右撩动对方右臂，以左臂肘窝圈揽住对方右大臂，左手顺势扣抓住自己右手腕部，从而针对其右侧肩臂形成锁控之势（图1-2-38、图1-2-39）。

图1-2-39　　　　　　　　　　　图1-2-40

（8）接下来，在双臂控制住敌人右侧肩臂的前提下，右脚向身体右后方沿弧形路线移撤一大步，身体猛然向右旋转，利用离心力瞬间破坏对方的身体重心平衡，将其掀翻在地（图1-2-40、图1-2-41）。

图1-2-41

第一章 针对掐窒脖颈的防御技术

> **技术要领**
>
> ★右手的撩拍动作要准确、有力，要借助身体右转之势，自然摆动手臂，攻击顺势而为。
>
> ★转体回身挥舞左臂摆脱敌人双手掐窒时，上体的转动幅度要大，动作敏捷。要用左肩、左大臂外侧及腋窝挤压、裹挟对方双手腕部，针对其手腕形成一定的压力，才能迫使其放松控制。
>
> ★右膝发动攻击时，双手一定事先控制住对方的头颈或上体，令其俯身弯腰，同时身体重心向前过渡，拉近彼此间的距离，膝击才能达到预期效果。右膝的攻击可以是连续的。
>
> ★控制住敌人右侧肩臂后，要立即移动脚步、旋转身躯，利用身体大幅度的转动之势，裹挟对方的上肢，彻底摧毁敌人的身体平衡。

F 撩裆推颌→转身砍颈

【动作说明】

（1）实战中，敌人于我背后偷袭，突然前冲，扑奔过来，并伸出双手、张开虎口由后向前卡掐住我的脖颈，且用力将我向前推搡（图1-2-42）。

（2）我迅速向右侧拧转身体，带动右臂朝右后方摆动，以右掌撩击敌人裆部

图1-2-42

图1-2-43

（图1-2-43）。

（3）身体继续右转，旋即抬起右臂，以右掌掌根为力点向前猛推对方下颌，令其被迫向后仰头，双臂伸直，双手放松对我脖颈的控制（图1-2-44、图1-2-45）。

图1-2-44

图1-2-45

（4）动作不停，身体再骤然左转，带动右臂屈肘自右向左摆动，以小臂尺骨为力点用力磕拨敌人左小臂内侧，成功将其右手由我脖颈上彻底拨开（图1-2-46、图1-2-47）。

图1-2-46

图1-2-47

（5）身体继续左转，带动左臂屈肘向身体左后方摆动，以左大臂及肩胛外侧挤别对方左手腕部，迫使其左手放松对我脖颈的控制（图1-2-48）。

（6）动作不停，右脚向前移动一步，身体继续左转，左臂继续向左后方挥摆，以左掌掌刃为力点狠狠砍击敌人后脖颈,可彻底挣脱对方的束缚(图1-2-49)。

图1-2-48

图1-2-49

技术要领

★右掌撩击对方裆部的动作是借助身体转动的惯性顺势而为的,目的是诱使其俯身低头。在其低头的一刹那,迅速推撑其下颌,令其猝不及防。

★随后的一系列动作都是在身体逆时针旋转过程中完成的,要充分利用身体转动的动势来带动手臂的挥舞发力。

G 攥指翻身→退步拖摔

【动作说明】

(1)实战中,敌人于我背后偷袭,突然前冲,扑奔过来,并伸出双手、张开虎口由后向前卡掐住我的脖颈(图1-2-50)。

(2)我迅速屈肘抬起双臂,用双手扣抓住对方双手,并攥住其双手食指向上提拉,令其双手放松对我脖颈的

图1-2-50

控制（图1-2-51、图1-2-52）。

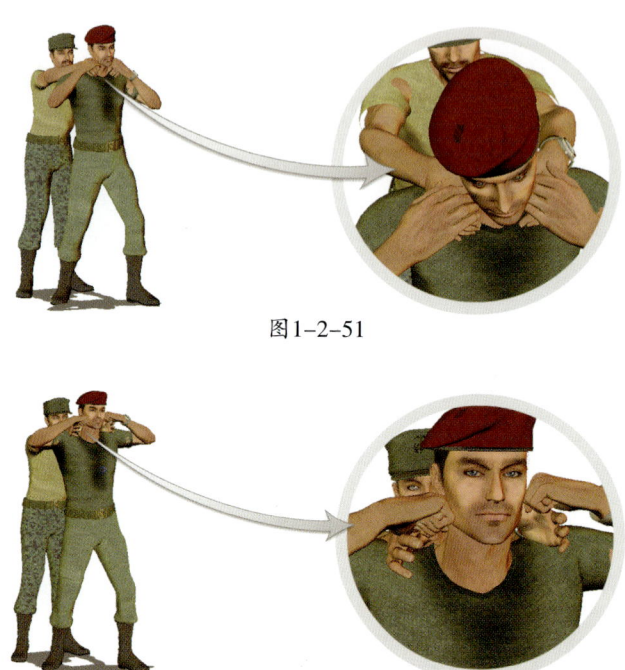

图1-2-51

图1-2-52

（3）动作不停，右手继续用力向上提拉对方右手食指，左手攥紧对方左手食指，右脚向右前方上步，身体猛然向左大幅度翻转，令对方身体随我一并翻转，后背朝向我，上体后仰，双手高举于头顶，两食指被我牢牢牵制（图1-2-53至图1-2-55）。

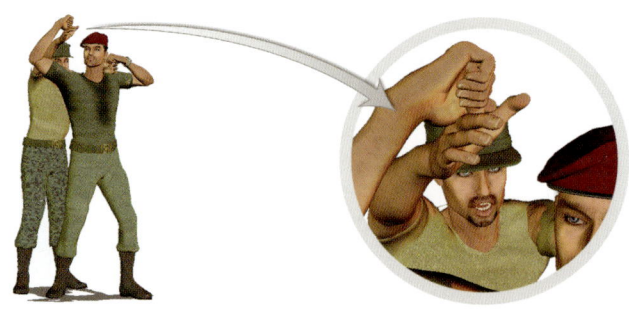

图1-2-53

第一章 针对掐窒脖颈的防御技术

图1-2-54

图1-2-55

图1-2-56

（4）继而，我双脚快速向后移动，双手拖拽对方两食指，破坏其身体重心平衡，将其向后拖倒、仰摔在地（图1-2-56、图1-2-57）。

图1-2-57

图1-2-58

（5）敌人倒地后，我可以抬起右脚，针对其头部实施踩踏（图1-2-58、图1-2-59）。

图1-2-59

技术要领

★双手要及时准确地攥住对方双手食指，而且要牢牢攥紧，不要让他的手指在我的手中转动。这样，随着身体的翻转，可以将其食指瞬间拧断、折断。

★身体向左后方翻转时，右手向上提拉的高度要高于左手，在双方身体都转变方向之后，双手一并向下拖拽。

★向后移动的脚步要快速灵活，攥住其手指，可瞬间撂倒对方，堪称牵一指而动其全身。

第三节
侧面掐窒脖颈的防御方法

当敌人由我身体侧面针对我脖颈发动掐窒攻击时，彼此的身体形成"T"型站位（图1-3-1），敌我间的距离相对而言比较近。对方伸出双手的同时，其面颊和胸腹部会一并暴露在我一侧手臂的攻击范围之内，因此实施反击和脱解也相对于背后袭击容易一些。另外，由于对方的两只手是一前一后掐卡我的脖颈，其对咽喉和气管构成的危害也相对较小些。这些特点都是我们在进行防御和逃脱时可以充分利用的因素。

图1-3-1

A 蹲身肘击→捶击裆部

> 【动作说明】

（1）敌人由我身体右侧逼近，突然伸出双手、张开虎口卡掐住我的脖颈，其左手卡住我后脖颈，右手掐住咽喉部位，其双臂略微弯曲，身体与我距离较近（图1-3-2）。

图1-3-2　　　　　　　图1-3-3　　　　　　　图1-3-4

（2）我突然将双脚同时向两侧移动，双腿屈膝，身体重心下沉。同时，双臂屈肘，双手于腹前勾扣在一起（图1-3-3）。

（3）动作不停，身体略左转，重心略左移，双臂同时向左上方摆动，使右臂肘尖远离敌人身躯（图1-3-4）。

（4）旋即，身体猛然右转，双臂如钟摆一般向右侧摆动，以右臂肘尖为力点撞击对方腹部或者胸口，猝然一击，可迫使敌人放松对我的控制（图1-3-5）。

图1-3-5　　　　　　　　　　　图1-3-6

（5）进一步，可以挥摆右臂，以右拳向右下方击打对方裆部，力达拳轮（图1-3-6）。

技术要领

★ 双脚同时向身体两侧移动，就是双脚同时蹬地、跳离地面，然后再分别向两侧落下。

★ 双臂的摆起与回落仿佛钟摆一般，可以提高攻击力度。这种肘击往往可以将对方撞出很远的距离，是破解侧面掐窒的好方法。

B 拉腕拍裆→肘击下颌

【动作说明】

（1）敌人由我身体右侧逼近，突然伸出双手、张开虎口卡掐住我的脖颈，其左手卡住我后脖颈，右手掐住咽喉部位，双手一并发力（图1-3-7）。

图1-3-7

图1-3-8

（2）我迅速抬起左手，屈肘伸至对方右手臂上方；同时右手变掌，直臂内旋，蓄势待发（图1-3-8）。

（3）动作不停，左手扣抓住敌人右手，并用力向下拉扯，以泄其力，在将敌人右手由我脖颈拉扯开的一刹那，右臂突然向右下方抖弹、摆动，以右掌撩拍对方裆腹部（图1-3-9）。

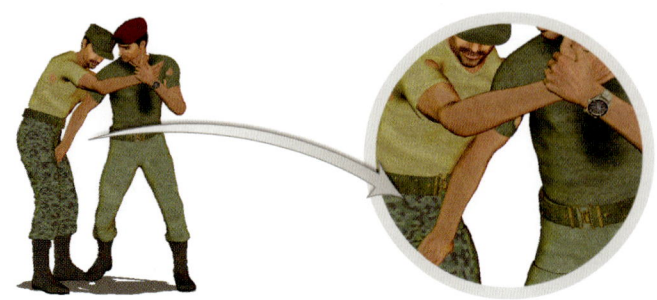

图1-3-9

（4）继而，右脚向右逼近一步，身体重心向右快速移动，在左手牢牢控制住对方右手的同时，右臂屈肘以肘尖为力点随身体右移猛击对方下颌或者面颊，迫使其彻底放弃对我脖颈的控制（图1-3-10）。

图1-3-10

技术要领

★ 针对敌人由我身体侧面施展的锁喉攻击，我首先要解除他卡掐我正面咽喉的那只手，无论敌人是位于我左侧还是右侧。其次是摆脱他另一只手对我后颈的控制，要有个轻重缓急之分，所以用左手将敌人右手由我咽喉前快速拉扯开是当务之急。

★ 左手拉扯敌人右手的同时，我右手要迅速展开反击，右掌向右下方的打击尽量用手掌前端，可以有效地延长打击距离。

★ 随后的横顶肘动作要充分利用向右上步进身的冲劲，顺势而为。如果敌人距离我非常近，也可以不上步，而直接将右肘向上撬挑，袭击其下颌。

C 拍裆压臂→连环肘击

【动作说明】

（1）敌人由我身体右侧逼近，突然伸出双手、张开虎口卡掐住我的脖颈，其左手卡住我后脖颈，右手掐住咽喉部位，双手一并发力（图1-3-11）。

图1-3-11

（2）我上体迅速右转，同时右臂向身体右后方摆动，从而顺势将右侧肩头由对方双臂内侧绕出，移至对方左小臂外侧（图1-3-12）。

图1-3-12

（3）动作不停，身体继续右转，右臂随之向右上方抬起；同时，左臂随身体的右转而向前快速摆动，以手掌为力点撩拍敌人裆部（图1-3-13）。

图1-3-13

（4）旋即，身体再猛然向左转动，右臂随之向左侧摆动，以右侧腋窝裹挟住对方左手腕部，对其形成一定的压力（图1-3-14、图1-3-15）。

图1-3-14

图1-3-15

（5）动作不停，左臂屈肘内扣，左手扣抓住敌人右手，并用力向下拉扯。同时双腿屈膝，身体继续左转，重心猛然下沉，右臂屈肘，以肘部及大臂外侧为力点猝然垂直向下沉压，迫使对方双手放松对我脖颈的控制（图1-3-16）。

图1-3-16

（6）继而，身体再猛然右转，身体重心向右前方过渡，右臂屈肘随身体的转动向右后方摆扫，以右肘尖后侧为力点狠狠袭击对方下颌或者头部（图1-3-17）。

图1-3-17

图1-3-18

图1-3-19

（7）动作不停，身体继续右转，左臂屈肘横摆，以肘尖为力点针对敌人头部实施二次打击（图1-3-18）。

（8）紧接着，身体再骤然左转，以身体的转动带动右臂横向挥舞，以右肘尖为力点连续攻击敌人头部（图1-3-19）。

技术要领

★上体右转时，一定要有意识地将右侧肩头由对方双臂间移动到其左臂外侧，为下一步摆脱对方双手控制奠定基础。

★随后身体左转时，动作幅度要大、要突然，但应注意身体的平衡，双脚要牢牢扎稳，右臂尽量向上伸展，右大臂和肩头尽量靠近自己右耳侧，重心略向上提起。然后再骤然将重心下沉，右臂顺势沉压，才能瞬间迫使敌人双手放松对我脖颈控制。

★进一步的连环肘击动作，要连贯快速，充分利用身体转动之势，由腰髋带动臂肘发力。

D 转身扣手压腕→踢裆反击

【动作说明】

（1）敌人由我身体右侧逼近，突然伸出双手、张开虎口卡掐住我的脖颈，其左手卡住我后脖颈，右手掐住咽喉部位，双手一并发力（图1-3-20）。

图1-3-20

图1-3-21

（2）我迅速向左转身，使后背朝向对方，重心左移，以缓解对方掐室的力度（图1-3-21）。

（3）旋即，再突然向右转动身体，左臂屈肘抬起，用左手扣抓住对方右手；同时，右臂随身体的转动向右上方高高扬起，大臂和肩头尽量靠近自己右耳侧（图1-3-22）。

（4）动作不停，身体继续右转，右臂随身体转动屈肘向右下方摆动、砸压，以大臂后侧及肩腋后侧为力点拨压对方双手腕部，迫使其放松对我脖颈的控制（图1-3-23）。

图1-3-22

第一章 针对掐窒脖颈的防御技术

图1-3-23　　　　　　　　　　　　　图1-3-24

（5）右臂肘的砸压动作可以迫使对方俯身低头，我可以趁机飞起左脚连续攻击其裆腹部（图1-3-24）。

技术要领

★身体之所以要先左转再右转，是为了给右臂向右后下方砸压创造足够宽裕的运动空间，手臂摆动的幅度足够大，才可以产生巨大的力量。

★身体回转的速度要快，右臂向上抬起时，肱二头肌和肩头尽可能接近你的右耳，动作幅度要大，出其不意。

★右臂向右下方砸压时，身体重心随之下沉，而且左手要始终扣抓住敌人左手不放，右大臂针对其手腕形成挤压的同时，右肘还可以对其右臂肘关节形成反关节创伤。

E 击裆推颌→锁臂降服

【动作说明】

（1）敌人由我身体右侧逼近，突然伸出双手、张开虎口卡掐住我的脖颈，其左手卡住我后脖颈，右手掐住咽喉部位，双手一并发力（图1-3-25）。

（2）我双腿略微弯曲，身体重心略微下沉，右臂向右下方抖弹、摆动，以

47

右拳拳轮为力点撩击对方裆部，迫使对方向前俯身（图1-3-26）。

图1-3-25

图1-3-26

图1-3-27

（3）在敌人低头俯身的瞬间，我右手变掌，由对方双臂间向上抬起，以掌根为力点猛推其下颌，力道足够的话，可以轻松将对方推开（图1-3-27、图1-3-28）。

图1-3-28

图1-3-29

图1-3-30

（4）如果对方此时仍未放松双手的控制，我可在推击动作结束后，将右臂向右上方伸展，然后内旋屈肘，以右侧腋窝裹挟住对方左小臂及腕部（图1-3-29、图1-3-30）。

（5）继而，身体骤然左转，以右侧腋窝夹住对方左臂腕部，右肘窝夹别住其左臂肘关节外侧，对其左臂形成反关节的锁控，其身躯将被迫随之翻转，上体后仰，脸面朝天（图1-3-31）。

第一章　针对掐室脖颈的防御技术

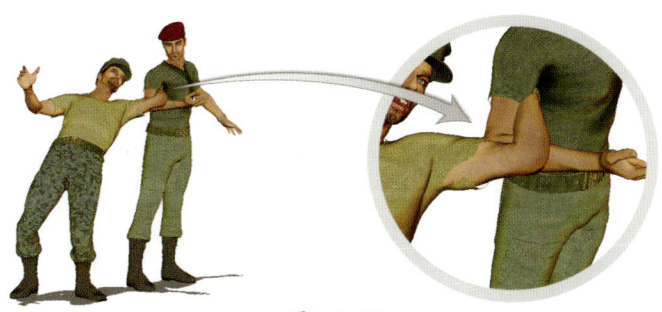

图1-3-31

（6）紧接着，我左手托住自己右手手腕，向上提拉、向后拖拽，可以瞬间将对方摔倒在地（图1-3-32、图1-3-33）。

图1-3-32　　　　　　　　　图1-3-33

（7）敌人倒地后，可以针对其头部实施踩踏（图1-3-34、图1-3-35）。

图1-3-34　　　　　　　　　图1-3-35

49

技术要领

★ 右手的两次攻击要连续快速，出其不意。

★ 右臂针对敌人左臂的关节降服要准确到位，动作要流畅、自然，并且与身体的转动配合协调。

F 过腰摔逃脱

【动作说明】

（1）敌人由我身体右侧逼近，突然伸出双手、张开虎口卡掐住我的脖颈，其左手卡住我后脖颈，右手掐住咽喉部位，其双臂略微弯曲，身体与我距离较近（图1-3-36）。

图1-3-36

图1-3-37

图1-3-38

（2）我迅速将右臂于敌人背后抬起，右手自其右腋下穿过，揽抱住对方肩背部；同时抬起左臂，用左手扣抓住对方右小臂位置，尽量使自己的身体靠近对方的身躯，以右侧腰髋抵顶住对方的腹部（图1-3-37）。

（3）旋即，在双手控制住对方上盘的基础上，双脚蹬地，身体前俯、猛然左转，以右侧腰髋为支点撬动对方腰腹部，左手向左下方拉扯对方右臂，右臂配合用力向下裹挟对方肩背，周身动作协调，瞬间可将对方由我右腰侧摔倒至身前（图1-3-38至图1-3-40）。

图1-3-39

图1-3-40

技术要领

★双手抓把的位置要准确，抢把要快，在摔跤技术运用当中，抢把的精准和快速是成功撂倒对方的关键。

★控制对方上盘的同时，要使自己身体右侧腰胯贴近对方腰腹部。

★在俯身摔出对方时，弯腰的同时臀部一定要向上撅顶，主要是利用双腿的蹬力将对方掀翻过去，而不是单单用腰部的力量。

第二章

针对圈扼脖颈的防御技术

针对脖颈的控制主要有两种形式，一种是上一章中介绍的用双手卡掐窒息技术，另一种则是用手臂圈扼脖颈。

用手臂圈扼脖颈在摔跤运动中比较常见，俗称"夹头"。针对脖颈的圈扼可以从身体正面展开实施，也可以从身体的侧面或者后面展开实施。

颈部是人体主要的呼吸通道，也是人体供给大脑血液的唯一通道，其所处的重要位置是不言而喻的。如果脖颈被锁控，可导致大脑、中枢神经供血不足，窒息、昏厥，甚至立即死亡。

脖颈被圈扼的危险，不仅仅是颈动脉和气管遭受压迫，同时也很容易被对方将身体拖倒在地，从而不得不面临你不愿意进入的地面打斗阶段。

所以，一旦被敌人圈扼住脖颈，首要考虑的不仅仅是如何逃脱出来，还要特别注意保持身体的平衡。

第二章 针对圈扼脖颈的防御技术

第一节
侧面圈扼脖颈的防御方法

用手臂由身体一侧圈扼对方脖颈，这种控制手段在街头打斗、校园冲突和酒吧争吵过程中是最常见的袭击方式，战场上抓捕俘虏时，也屡见不鲜。

脖颈被对方用手臂夹住，首先是一种非常难受的感觉，窒息和眩晕将随后而至，而且在这种情况下，你还很容易被对方拖倒在地。为了缓解脖颈和咽喉处被挤压的难忍程度，你应该本能地将头颈朝对方的身体方向拧转，并及时低头收紧下颌，这样可以避免咽喉被对方小臂桡骨勒紧，这是面临这种危险局面时需要做出的最基本的反应（图2-1-1、图2-1-2）。这个看起来不经意的举动，不仅会让你减轻被勒扼的痛苦，而且也为你进一步实施逃脱技术奠定了基础，令你免于陷入更加糟糕的境地。

由于双方的身体基本紧贴在一起，处于胶着状态，所以在进行反抗和逃脱时，可以使用一些特殊的手段，比如用牙齿撕咬（图2-1-3）、撩抓裆部生殖器（图2-1-4）、用手指戳眼睛（图2-1-5）、揪扯头发（图2-1-6），或者用拳头去敲击对方的手背（图2-1-7）等等，这些手法虽然看上去有些不择手段，但却是简单易行、施之有效的。相比之下，近身缠斗过程

图2-1-1

图2-1-2

图2-1-3

中的拳脚打击技术，在力度和效果方面，明显要逊色于前者一筹。

图2-1-4

图2-1-5

图2-1-6

图2-1-7

A 扳脸撩裆→连续捶击

【动作说明】

（1）在与敌人发生冲突时，对方由我身体左侧进攻，突然伸出右臂圈扼住我的脖颈，其左手抓住右手腕部，使劲勒扼，对我颈动脉和气管形成压迫，令我处于极为被动状态（图2-1-8）。

（2）在这种情况下，头部要尽量向左拧转，腰髋也一并左转。左臂屈肘，左手由对方肩臂后上方绕过，扳住对方鼻口和下颌位置；同时右臂伸展，随身体的转动自下而上撩挂对方裆部，以右小臂桡骨部位为力点袭击其腹股沟要害部位（图2-1-9）。

图2-1-8

图2-1-9

（3）在敌人对我的控制稍有松懈的刹那，我身体重心立即向上提起，直起腰来。同时左臂肘下沉，左手扣住对方面部用力向前下方按压，迫使其向后仰面（图2-1-10）。

图2-1-10

（4）随即，迅速抬起右臂，以右拳狠狠击打对方胸部或者咽喉（图2-1-11、图2-1-12）。

图2-1-11

图2-1-12

技术要领

★左臂屈肘，左手要在第一时间插入对方脖颈下方、扣按他的鼻口和下颌位置，以掌刃为力点卡住敌人的鼻根位置。手掌扣压对方的嘴巴和下颌部位，注意不要将手指伸入其口中，否则被其咬住则很麻烦。如果对方的头发较长，也可以顺势拉扯其发髻，最终目的就是迫使其仰面抬头，迫使其脖颈过度向后伸展，为进一步的打击奠定基础。

★右臂撩挂其裆部的动作要借助身体左转的力量，顺势而发。

★右手的捶击可以是连贯的，击打的时候左脚可以配合向前移动步伐，同时左手针对其头部的拉扯或者扣压动作不要松懈停滞，而应进一步加大力度，直至将其拖倒在地。

B 揽腰撩裆→侧滚逃脱

【动作说明】

（1）实战中，敌人由我身体左侧进攻，突然伸出右臂圈扼住我的脖颈，其左手抓住右手腕部，使劲勒扼，并俯身向前扭摔，欲将我摔倒在地（图2-1-13、图2-1-14）。

图2-1-13

图2-1-14

（2）我顺势向左侧拧转身体，降低重心，右腿屈膝下跪。同时，左臂顺势揽抱住对方腰部，并以右掌撩击对方腹股沟，低头颔首。动作不停，身体重心继续下沉，右腿屈膝跪地，尽量靠近敌人右腿，上体用力向左后方拧转，令头颈由对方右侧腋下扭转挣脱（图2-1-15、图2-1-16）。

图2-1-15　　　　　　　　　　　图2-1-16

（3）继而，左臂揽紧对方腰身，利用身体重心下沉和向左后方翻转的力量，裹挟着对方的身躯将其带倒，由我身体上方掀翻至我身体左侧，令其仰面朝天（图2-1-17）。

图2-1-17　　　　　　　　　　　图2-1-18

（4）对方倒地瞬间，我身体立即于地面向左侧翻滚，四肢着地，跪伏于对方身躯之上，予以压制，抢占地面优势（图2-1-18）。

（5）进一步，可以挥舞拳头针对敌人头部进行连续强力打击（图2-1-19、图2-1-20）。

图2-1-19

图2-1-20

技术要领

★右腿跪地时，要将敌人右腿置于我两腿之间，别住其下盘，左臂揽紧对方腰身，右手配合撩抓对方腹股沟，周身上下协同动作，一并发力才可以瞬间将敌人掀翻。

★将对方掀翻后，要迅速翻转身体，用自己的身躯压制住对方，防止其滚动逃脱。

C 勾腿绊摔→地面攻击

【动作说明】

（1）敌人由我身体左侧进攻，突然伸出右臂圈扼住我的脖颈，其左手抓住右手腕部，使劲勒扼，对我颈动脉和气管形成压迫，令我处于极为被动状态（图2-1-21）。

（2）我迅即伸出左手，由敌人背后抓拉住对方左侧肩头，上体后仰，脖颈后挺，身体重心猝然后沉，左腿顺势向前勾踢，以大腿内侧勾挂敌人右腿内侧，迫使其身体重心失衡，被迫向后仰摔（图2-1-22、图2-1-23）。

图2-1-21

第二章 针对圈扼脖颈的防御技术

图2-1-22

图2-1-23

（3）猝然向后仰摔的冲击力量，可以令其放松对我脖颈的夹持。倒地瞬间，我身体立即于地面向左侧翻滚，跪伏于对方身躯右侧，左手按压其上体，同时可以挥舞右拳连续攻击其头部（图2-1-24、图2-1-25）。

图2-1-24

图2-1-25

技术要领

★左手拉扯对方肩部与左腿的勾挂动作要配合协调，左腿踢出时一定要挺膝伸腿。

★破坏敌人身体重心，令其向后倒地的瞬间，拉扯对方肩头的左手要立即向上抬起，防止被其后背压住，避免左臂肘撞击地面，造成不必要的损伤。

★对方背后着地后，我方要迅速翻转身体跪起来，第一时间抢占地面侧位优势，并及时展开有效的反击。

D 击裆抓发→抄腿抛摔

【动作说明】

（1）实战中，敌人由我身体右侧逼近，突然伸出左臂圈扼住我的脖颈，其右手抓住左手腕部，使劲勒扼，对我颈动脉和气管形成压迫，形势对我极为不利（图2-1-26）。

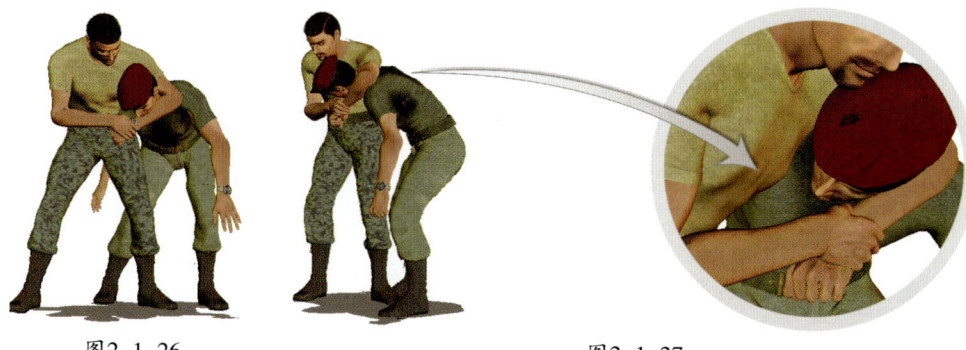

图2-1-26　　　　　　　　图2-1-27

（2）我迅速将左脚朝左前方移动一步，身体随之朝右转动，头部右转的同时收紧下颌（图2-1-27）。

（3）旋即，可以用右手由敌人背后发动攻击，自后向前、向上掏打对方裆部生殖器，或者用左拳由正面连续击打其腹股沟（图2-1-28、图2-1-29）。

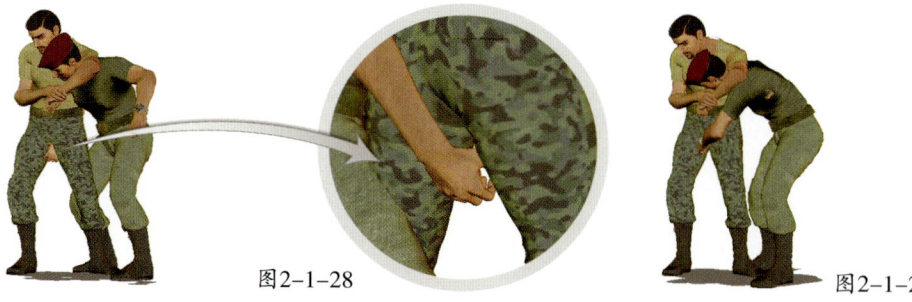

图2-1-28　　　　　　　　图2-1-29

(4) 接下来，抬起右臂，以右手推抵住敌人的后脑，然后用左手手指狠狠戳捅其双眼（图2-1-30、图2-1-31）。

图2-1-30　　　　　　　　　　图2-1-31

(5) 继而，在敌人连续遭受各种打击后，我右手顺势抓住对方的头发，同时上体略前俯，左臂自对方左腿下方穿过（图2-1-32）。

图2-1-32

(6) 动作不停，右手用力向后捯扯敌人头发，迫使其上体后仰；同时，左臂屈肘向上抄抱对方左腿，将其身体重心向上提起（图2-1-33、图2-1-33A）。

图2-1-33　　　　图2-1-33A　　　　图2-1-34

（7）然后，身体骤然大幅度右转，瞬间将对方抛摔至身体右侧，从而彻底摆脱敌人双臂的扼控（图2-1-34）。

技术要领

★ 前面的一系列打击手段都是为随后的抄腿摔做铺垫的，这些攻击动作要凶狠快速，毫不留情，瞬间打乱敌人的方寸，才可以在其痛苦不堪的状态下，摆脱困境，顺利掀翻对方，反被为主。

★ 抄腿的速度要快，左臂屈肘抄抱其大腿与膝窝位置。在将对方身体重心提起的一刹那，即大幅度转体，将其果断抛出，动作要求连贯、顺畅，切忌迟疑、脱节。

E 抓发抄腿→舍身别摔

【动作说明】

（1）实战中，敌人由我身体右侧发动攻击，突然用左臂圈扼住我的脖颈，其右手抓住左手腕部，使劲勒扼，对我颈动脉和气管形成压迫（图2-1-35）。

图2-1-35

图2-1-36

（2）我迅速将左脚朝左前方移动一步，身体随之朝右转动，头部右转的同时收紧下颌。然后，将右臂由敌人身后向上抬起，屈肘用右手抓住对方头发。同时，上体略前俯，左臂自对方左腿下方穿过（图2-1-36）。

（3）旋即，身体略左转，右脚向右前方移动，落步于对方右脚外侧，脚尖外旋，脚跟着地，用右腿横别住敌人右腿。同时，右手用力向后捋扯敌人头发，迫使其上体后仰，左臂屈肘向上抄抱对方左腿，颠覆其身体重心的平衡（图2-1-37）。

图2-1-37

（4）动作不停，我身体重心后仰，主动向后跌坐，以右侧臀部着地，上下肢协调动作，瞬间将敌人摔至我身体右侧（图2-1-38）。

（5）倒地后，我右腿向后摆动，身体于地面快速向右翻滚，右手放开敌人头发，顺势向下按压对方脸颊，左手按住其左侧腰髋，双手用力向下推撑，身体重心上提，双腿离开地面，双脚着地，立即由侧躺姿势站起身来（图2-1-39至图2-1-42）。

图2-1-38

图2-1-39　　　　　　　　　图2-1-40

图2-1-41

图2-1-42

（6）站起身后，可以用右脚连续踩踏对方头部，予以进一步的打击（图2-1-43、图2-1-44）。

图2-1-43

图2-1-44

技术要领

★这里以及本书中介绍的一些通过自身跌倒来带动对方一并摔倒的方法，在柔道、摔跤中统称之为"舍身技"，是一种非常行之有效的摔技，KRAV MAGA格斗体系中也经常会见到，在具体运用时要特别强调倒地时的自我保护。

★右腿横别住对方右腿时，身体重心要随之下沉，以便削减身体向后跌坐时臀部与地面产生的冲撞力，防止自我损伤。

★右手抓扯头发、左手抄腿与身体后仰跌坐这一系列动作，几乎是在同一时刻完成的，上下肢配合要协调。

★倒地后，如果你不善于地面缠斗，就要迅速站立起来，尽量不要与对方在地面上过于纠缠。

第二章 针对圈扼脖颈的防御技术

F 拧臂逃脱→抓发拖摔

【动作说明】

（1）实战中，敌人由我身体右侧逼近，突然伸出左臂圈扼住我的脖颈，其右手抓住左手腕部，使劲勒扼，对我颈动脉和气管形成压迫，形势对我极为不利（图2-1-45）。

图2-1-45

图2-1-46

图2-1-47

（2）我迅速将左脚朝左前方移动一步，身体随之朝右转动，头部右转的同时收紧下颌。同时，可以用右手由敌人背后发动攻击，自后向前、向上掏打对方裆部生殖器（图2-1-46）。

（3）继而，上体略右转，摆动左臂，以左手指尖为力点戳击敌人双眼，令其产生剧痛（图2-1-47）。

（4）然后在对方疲于招架的瞬间，身体重心骤

图2-1-48

67

然下沉，双手抓扯住敌人左手腕部，并用力向下拉扯，迫使其放松对我脖颈的控制（图2-1-48）。

（5）在对方手臂稍有松懈的一刹那，我头颈迅速向后抽脱（图2-1-49）。

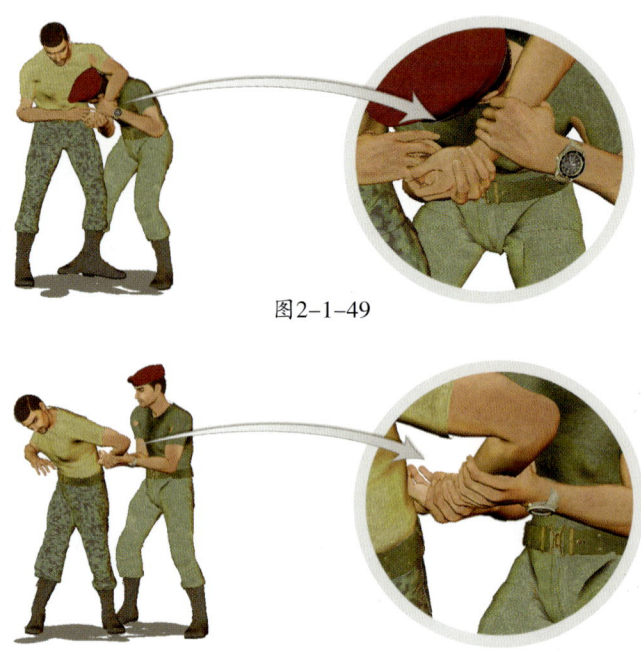

图2-1-49

图2-1-50

（6）在头颈顺利解脱之后，身体重心上提，双手抓握住对方左小臂，用力向上托提，将其左臂翻拧至其背后，可以对其肩肘关节形成一定损伤（图2-1-50）。

（7）旋即，可以在用左手牢牢攥紧对方左手腕部的前提下，右手放松对其手臂的控制，挥舞右臂，以右手掌刃为力点自上而下劈砍敌人后脖颈或颈侧动脉（图2-1-51、图2-1-52）。

（8）紧接着，在击打动作结束时，右手顺势抓住对方的头发，双

图2-1-51

图2-1-52

68

脚快速向右侧移动（图2-1-53、图2-1-54）。

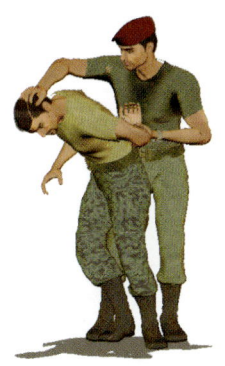

图2-1-53

图2-1-54

图2-1-55

（9）在双手控制住对方头发和左臂的基础上，配合脚步快速地向右侧移动，可以拖拽其身体随着我一并向右侧倾倒，令其身体重心瞬间颠覆，而被迫扑倒在地（图2-1-55、图2-1-56）。

图2-1-56

技术要领

★左手戳击敌人眼睛时，要趁机将右臂由对方身后移至身前，为下一步拉扯其手臂做好准备。

★在一系列连续攻击后，对方会因疼痛而出现短暂的意识混乱，必须抓住这个机会，迅速用力地拉扯其左臂，并且在其手臂略一松弛的瞬间，将身体重心快速向后移动，顺势将头颈抽出，切勿错过时机。

★在双手抓住对方左臂的同时，也可以用牙齿狠狠撕咬其左手，令其产生剧痛，同样可以起到缓解其手臂圈扼力度之目的。

★拖动对方时，上下肢配合一定要协调，向右侧移动的脚步要灵活、稳健。

G 过腰背摔→踩踏头部

【动作说明】

（1）敌人由我身体右侧逼近，突然伸出左臂圈扼住我的脖颈，其右手抓住左手腕部，使劲勒扼，对我颈动脉和气管形成压迫，形势对我极为不利（图2-1-57）。

图2-1-57

图2-1-58

（2）我左脚向左前方移动半步，身体略右转，右臂于敌人背后抬起，右手扣扳住对方右侧肩头；同时抬起左臂，用左手扣抓住对方右臂肘关节位置（图2-1-58）。

（3）旋即，右脚由敌人身后抬起、向前移动，绕过对方左腿、向右落步至其身前，右侧腰髋贴近对方左侧腰髋（图2-1-59）。

（4）动作不停，在双手控制住对方上盘的基础上，左脚向右移动、靠近右脚，身体重心随之向右移动，上体右转，双腿屈膝，以臀部抵顶住对方腰腹部（图2-1-60）。

图2-1-59

图2-1-60

（5）紧接着，上体前俯，双腿膝关节突然挺直，双臂用力向前下方拉扯对方的肩背和手臂，臀部使劲向后上方撅起，瞬间发力可令对方双脚离地，身体悬空趴伏于我后背之上（图2-1-61）。

（6）动作不停，上体迅速向左拧转，左手向左下方拉扯对方右臂，右臂配合用力向下裹挟对方肩背，周身动作协调，瞬间可将对方由背后经我右腰侧摔倒至身前（图2-1-62至图2-1-64）。

图2-1-61

图2-1-62

图2-1-63

图2-1-64

（7）进一步，在敌人倒地后，可以抬起左脚狠狠踩踏对方头部（图2-1-65、图2-1-66）。

图2-1-65

图2-1-66

71

技术要领

★ 注意脚步的移动要灵活、自然，有条不紊。

★ 右脚由对方身后移动至其身前的一刹那，左脚就要迅速并拢过去，及时将臀髋移动到对方的腰腹前方。

★ 挺膝、躬身、撅臀的动作要同步进行，要充分利用双腿蹬直的弹力，将对方背在腰背之上，要以腰部为支点将对方投摔出去。动作连贯，一气呵成。

H 别腿过腰摔→抵腰击头

【动作说明】

（1）敌人由我身体右侧逼近，突然伸出左臂圈扼住我的脖颈，其右手抓住左手腕部，使劲勒扼，对我颈动脉和气管形成压迫（图2-1-67）。

图2-1-67　　　　　　图2-1-68　　　　　　图2-1-69

（2）我左脚迅速向左前方移动半步，身体略右转，右臂于敌人背后抬起，右手扣扳住对方右侧肩头，同时抬起左臂，用左手扣抓住对方右臂肘关节位置（图2-1-68）。

（3）旋即，右脚由敌人身后抬起、向前移动，绕过对方左腿、向右落步至其右脚后方,以前脚掌着地,右腿内旋,膝关节略微弯曲,横置于对方双腿前。身体微左转,上体略前俯,右侧腰髋贴近对方腰腹部(图2-1-69)。

(4)紧接着,右腿膝关节突然挺直,上体骤然左转,左手向左下方拉扯对方右臂,右臂配合用力向下裹挟对方肩背,周身动作协调,瞬间可将敌人由背后经我右腰侧摔倒至身前(图2-1-70至图2-1-72)。

图2-1-70

图2-1-71

(5)进一步,可以降低身体重心,右腿屈膝抵跪住对方的腰肋,然后挥舞拳头连续捶击其头部(图2-1-73)。

图2-1-72

图2-1-73

技术要领

★ 右脚的移动要灵活，且落点准确。前脚掌着地的同时，右腿内旋弯曲。在身体骤然左转时右腿膝关节再突然挺直，仿佛一根弯曲的弹簧瞬间释放能量，这是成功摔倒敌人的关键所在。

★ 右脚别住对方下肢时，右侧腰髋一定要贴住对方腰腹部，作用是在对方身体重心向右偏移时将其浮起来，然后再利用右腿挺直产生的力量，彻底破坏其重心的平衡。

I 转体抱摔→击裆踩头

【动作说明】

（1）敌人由我身体左侧逼近，右脚踏至我身前，突然伸出右臂圈扼住我的脖颈，其左手抓住右手腕部，使劲勒扼，对我颈动脉和气管形成压迫（图2-1-74）。

图2-1-74

图2-1-75

（2）我迅速用左手搂住对方左侧腰部，左脚向后移动半步，右脚随之向右前方上步，身体左转。同时，用右手抓住对方左大臂位置，双腿屈膝下蹲，身体重心下沉（图2-1-75）。

（3）动作不停，左脚向左后方沿弧形路线移动，身体继续左转，双臂用力将对方身体向上提抱起来（图2-1-76、图2-1-77）。

图2-1-76

图2-1-77

（4）动作不停，左脚继续向左后方沿弧线背步移动，身体快速旋转，利用自身的转动裹挟对方在空中翻转身躯，在其双脚悬空、身体重心彻底崩溃的一刹那，将其抛至我身体左前方地面上（图2-1-78、图2-1-79）。

（5）敌人倒地的同时，我也随之扑倒在他的身体一侧，取得地面侧位优势，并挥舞右臂，以右拳连续敲击其裆部（图2-1-80、图2-1-81）。

图2-1-78

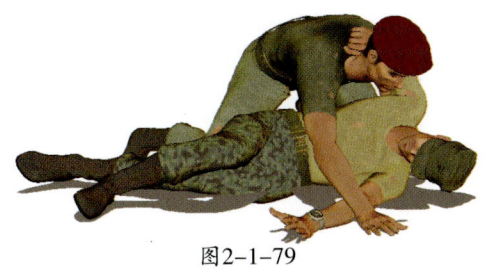

图2-1-79

图2-1-80

（6）继而，可以用右手按住对方右侧腰胯位置，左手按住其左侧脸颊，令其无法翻滚，然后身体重心上提，快速站起来（图2-1-82至图2-1-84）。

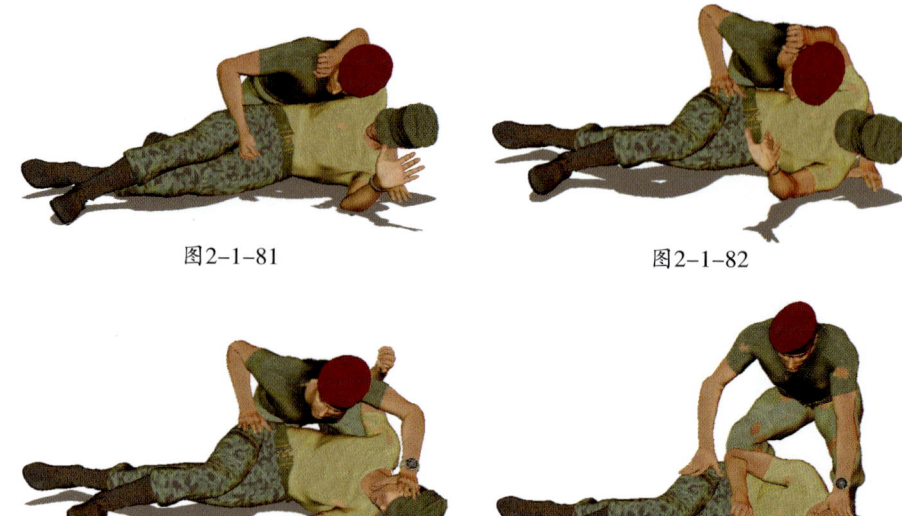

图2-1-81　　　　　　　　　图2-1-82

图2-1-83　　　　　　　　　图2-1-84

(7) 进一步，可以抬起左脚狠狠踩踏对方头部（图2-1-85、图2-1-86）。

图2-1-85　　　　　　　　　图2-1-86

技术要领

★ 充分利用身体的旋转所产生的惯性来将对方撂倒，注意脚步配合要协调，步伐灵敏、稳健。

★ 自己随之摔倒时，要将自己的身体扑到对方身躯之上，以缓解与地面的冲撞力，避免不必要的损伤。

J 舍身跌摔→地面降服

【动作说明】

（1）敌人由我身体左侧逼近，右脚踏至我身前，突然伸出右臂圈扼住我的脖颈，其左手抓住右手腕部，使劲勒扼，对我颈动脉和气管形成压迫（图2-1-87）。

图2-1-87

图2-1-88

（2）我迅速用左手搂住对方左侧腰部，右手抓住对方左臂位置。同时，左脚向左后方移动半步，将身体向左后方旋转，重心后沉，以臀部着地，主动向后跌坐，利用自己的身体重量裹挟对方一并随我跌倒（图2-1-88、图2-1-89）。

图2-1-89

图2-1-90

（3）双方倒地后，对方位于我身体右侧，在其尚未对我形成地面侧位控制优势的一刹那，我立即抬起左臂，以左手掌刃为力点卡按住对方鼻子根部，用力向外推抵，令其无法将上体压制下来（图2-1-90、图2-1-91）。

图2-1-91

（4）旋即，在用左掌将对方的头颈推开的瞬间，我左腿快速抬起，以膝窝部位勾挂住对方的脖颈处，并用力向下压制，令敌人受制于我，从而使自己处于有利的地面控制位置、降服对方（图2-1-92、图2-1-93）。

图2-1-92　　　　　　　　　图2-1-93

技术要领

★主动倒地时双臂要牢牢牵扯住对方的上体和手臂，瞬间将其拖入地面。

★进入地面缠斗状态时，要迅速形成优势体位，抢占先机，切勿让对方进入侧面控制局面，否则对自己非常不利。如果你非常善于地面战斗，利用这种方法将敌人拖入地面非常行之有效，既可以轻松摆脱对方的控制，又可以发挥你的强项。

第二节 背后圈扼脖颈的防御方法

背后针对脖颈实施圈扼（图2-2-1）与来自身体侧面的圈扼，在攻击动作和袭击形式方面基本上大同小异，被动方采取的反抗和逃脱手段也如出一辙。差别在于一个是敌人站在你的身后，一个是敌人站在你的侧面，对方的双脚站位会发生相应的变化。敌人由你身体侧面实施圈扼时，其双脚基本上都处于你双脚前方，而敌人

图2-2-1

由你背后实施圈扼时，其双脚则都处于你双脚后方，同时你的视线也受到很大程度上的限制。鉴于这一点差别，在进行反抗和脱解的时候，就要尤其注意适时地调整脚步，使自己处于一个有益于逃脱的位置，得以及早正面面对敌人，并洞悉对方一举一动，而且脚步的移动要灵活稳健，且与其他肢体动作配合协调，尽量将主动权掌握在自己手中。大家在学习这一节技术时，可以比照上一节内容，仔细领悟一下两者的差异与区别。

A 捆面拧臂逃脱→踢裆反击

【动作说明】

（1）敌人由我身体左后方实施偷袭，以右小臂桡骨部位为力点自后向前屈肘勒卡住我脖颈右侧，左手辅助扣抓住自己右手，双臂收紧，欲针对我脖颈实施勒扼（图2-2-2）。

（2）在对方手臂尚未揽紧的瞬间，我略向左转动身体，同时双手猛然向其头部左上方挥舞，以双掌向左后上方掴击对方面部，打对方一个措手不及（图2-2-3）。

（3）对方无论是否被我击中，都会条件反射地向后仰头躲避，我迅即双手回收，分别向下抓拉住对方双手腕部，并用力向下拉扯，迫使其手臂放松对我脖颈的勒扼（图2-2-4）。

图2-2-2

图2-2-3

图2-2-4

（4）动作不停，双手用力下拉的同时，身体继续向左转动，令左肩和头颈由对方右侧腋下扭转脱出（图2-2-5）。

图2-2-5　　　　　图2-2-6

(5) 头颈由对方右侧腋下脱离出来后，双手依旧要死死抓住对方双腕不放，右手用力向外翻拧其右腕，迫使其肘部关节翻转至极限，产生剧痛而彻底丧失对我的束缚（图2-2-6）。

(6) 进一步，可以飞起右脚，以脚背或者小腿胫骨部位为力点狠狠攻击对方裆部（图2-2-7）。

图2-2-7

技术要领

★对方用右臂勒扼我脖颈的目的是为了迫使我侧颈动脉遭受压迫，导致脑供血不足而产生晕眩，应该迅速做出反应，切勿迟疑怠慢。

★双掌向左后上方掴击对方面部时，无论是否击中目标，双手都要迅速回收，并立即抓拉住对方双手腕部。攻击对方面部不是最终目的，真正的意图是逼迫对方向后仰头，造成双臂暴露空隙，以便双手能够顺利抓控住他的双腕。

★在头颈由对方手臂控制中逃脱出来后，我双手还要始终牢牢控制住对方的双腕，翻拧的同时迅速展开反击，起腿速度要快，击点准确，动作连接顺畅。

B 收颔拉腕逃脱→踢裆反击

【动作说明】

(1) 我处于站立状态，对方由我身后逼近，突然由后向前将右脚插入我两腿间，同时伸展右臂，屈肘圈揽住我脖颈，其肘窝部位卡住我咽喉位置，其左手辅助扣抓住自己右手，双臂收紧，欲针对我咽喉实施圈扼窒息，迫使我呼吸困难（图2-2-8）。

（2）在对方双臂即将锁紧我咽喉的一刹那，我迅速向左转动身体，左手立即扣抓住对方左臂腕部，几乎同时用右手扣抓住对方右臂腕部（图2-2-9、图2-2-10）。

图2-2-8

图2-2-9

图2-2-10

（3）继而，双手用力向下拉扯对方双腕，迫使其放松对我的控制。同时，头颈立即向左转动，并收紧下颌，使下巴脱离开对方右臂肘窝位置（图2-2-11）。

图2-2-11　　　　　　　　　　图2-2-12

（4）动作不停，身体继续向左转动，令左肩和头颈由对方右侧腋下扭转脱出（图2-2-12）。

（5）头颈由对方右侧腋下脱离出来后，双手依旧要死死抓住对方双腕不放,右手用力向外翻拧其右腕,迫使其肘部关节翻转至极限,产生剧痛而彻底丧失对我的束缚(图2-2-13)。

图2-2-13　　　　　　图2-2-14

(6) 紧接着,快速飞起右脚,以脚背或者小腿胫骨部位为力点狠狠攻击对方裆部(图2-2-14)。

技术要领

★ 本势与上势动作要领基本相同,前者主要是针对对方卡勒我侧颈部位采取的逃脱方法,本势则是针对对方勒锁我咽喉采取的逃脱措施。不同之处就在于对方控制我脖颈的作用力点不同,本势中转身的动作幅度较前者略大一些。

★ 双手下拉对方双腕,迫使其放松对我咽喉控制的瞬间,头颈要迅速向左拧转,让下巴及时摆脱对方的右臂肘窝,这点至关重要。

C 扳脸撩裆→连续捶击

【动作说明】

(1) 敌人由我身体左后方实施偷袭,以右小臂桡骨部位为力点自后向前屈肘勒卡住我脖颈右侧,左手辅助扣抓住自己右手,双臂收紧,欲针对我脖颈实施勒扼（图2-2-15）。

图2-2-15

图2-2-16

图2-2-17

（2）我迅速将右脚向右侧迈出半步，身体略左转。同时，双手分别抓住对方双手腕部，并用力向下拉扯，迫使其手臂放松对我脖颈的勒扼，头部左转，下颌收紧（图2-2-16）。

（3）动作不停，身体重心向右后方移动，臀髋侧闪，左腿顺势由对方身前移动至其双腿后侧，左脚落步于对方左脚外侧（图2-2-17）。

（4）旋即，左臂屈肘，连续挥舞，以肘尖为力点向后下方捣击敌人裆腹部，令其产生剧痛（图2-2-18）。

图2-2-18

图2-2-19

（5）紧接着，身体左转，左腿伸直，左脚外旋，脚跟着地，脚尖向上勾起，横别住敌人下肢。同时上体后靠，带动左侧肩背用力向后挤靠对方胸腹部，左臂随之向左后方横摆，配合发力。上下肢协同动作，可迫使对方身体重心失衡，站立不稳而向后仰摔（图2-2-19）。

（6）猝然向后仰摔的冲击力量，可以令其放松对我脖颈的压迫。倒地瞬间，可挥舞左臂，以肘尖为力点狠狠砸捣敌人胸腹部，或者以左拳连续捶击对方裆部要害（图2-2-20至图2-2-23）。

图2-2-20　　　　　　　　　图2-2-21

图2-2-22　　　　　　　　　图2-2-23

技术要领

★双手向下拉扯敌人双腕的时候，头部一定要立即左转，收紧下颌，尽量让下巴贴近自己的锁骨，迫使对方的右小臂无法勒紧自己的咽喉，这一点非常重要。

★在移动脚步和左臂实施肘击的时候，右手要始终牢牢抓住对方的右手腕，并用力向下拉扯，以缓解其圈扼力度。

★倒地时，要以左侧臀部着地，左侧肩背借助身体倒地瞬间产生的冲撞力狠狠砸靠对方的上体。坐下后，左腿向前伸展，右腿向后摆动，双腿要顺势形成稳定的"人"字形。

D 拧臂逃脱→撅腕降服

【动作说明】

(1) 敌人由我背后实施偷袭，以左小臂桡骨部位为力点自后向前屈肘勒卡住我咽喉部位，右手辅助扣抓住自己左手，双臂收紧，欲针对我咽喉实施圈扼窒息（图2-2-24）。

图2-2-24

(2) 我迅速将左脚向左侧迈出半步，身体略右转。同时，双手分别抓住对方双手腕部，并用力向下拉扯，迫使其手臂放松对我脖颈的勒扼，头部右转，下颌收紧，尽量让下巴贴近自己的锁骨（图2-2-25）。

(3) 在咽喉避开对方小臂桡骨的勒扼后，可以挥舞右拳连续向后捶击对方裆部，迫使其因疼痛而向后缩身，从而进一步缓解脖颈被对方双臂控制的困境（图2-2-26）。

图2-2-25

图2-2-26

(4) 旋即，双手用力向下拉扯对方左小臂，同时身体向右转动，令右肩和头颈由对方左侧腋下扭转脱出（图2-2-27）。

(5) 头颈由对方左侧腋下脱离出来后，左手依旧死死抓住对方左手手腕不放，并用力沿逆时针方向旋转，右手用力向前下方

图2-2-27

推按其左肘关节外侧，双手协调动作，对其左臂进行翻拧擒拿，令对方不得已而向前俯身（图2-2-28）。

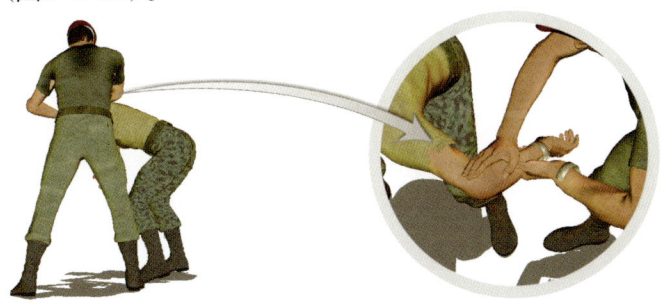

图2-2-28

（6）对方低头俯身的一刹那，我可以抬起左腿，屈膝以膝盖为力点冲顶其面部或者胸腹部。同时，在用左手牢牢攥紧对方左手腕部的基础上，右手抓住其左手手背使劲向前推顶，以撅折其腕关节（图2-2-29）。

图2-2-29

（7）进一步，可以将左脚向左落步，身体重心左移，在右手攥紧对方左手的前提下，左手放松对其左腕的控制，顺势抓扯住其头发，随身体向左移动之势将对方拖倒在地（图2-2-30、图2-2-31）。

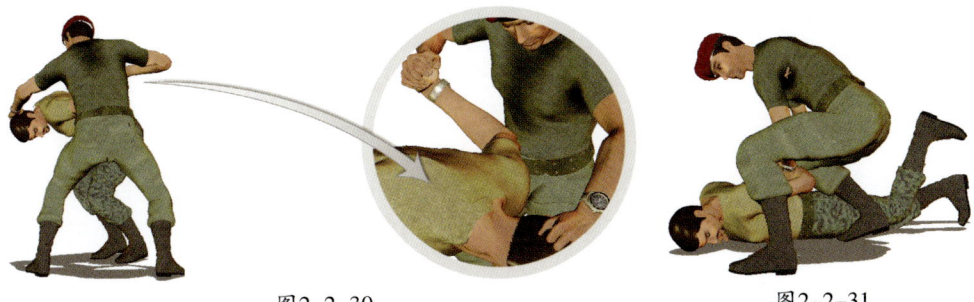

图2-2-30　　　　　　　　　　　　图2-2-31

技术要领

★ 翻拧对方左臂时，左手旋拧，右手推按，双手动作要配合协调，动作到位可迫使其肘部关节翻转至极限，产生剧痛而彻底丧失对我的控制。

★ 撅腕时，要注意左手一定要牢牢攥紧对方左手手腕，并有意识地向后拉扯，配合右手针对其手背的推顶，可给予其腕关节造成严重损伤。

E 扳臂过背摔

【动作说明】

（1）敌人由我背后实施偷袭，突然以右小臂桡骨部位为力点自后向前屈肘勒卡住我咽喉部位，左手辅助扣抓住自己右手，双臂收紧，欲针对我咽喉实施圈扼窒息（图2-2-32）。

图2-2-32

图2-2-33

图2-2-34

（2）我迅速双臂屈肘，用双手扳住敌人的右臂小臂位置，以缓解其右臂的勒扼。同时，双腿屈膝下蹲，身体重心下沉，以臀部向后抵顶住对方的腰腹部（图2-2-33）。

第二章 针对圈扼脖颈的防御技术

（3）动作不停，双手用力向下拉扯，上体猛然俯身前躬，双腿挺膝蹬地，臀部用力向后上方撅顶对方裆腹部，周身协调发力，瞬间将对方由我后背上方摔至体前（图2-2-34）。

（4）将敌人摔倒在地后，可以用右拳连续击打其头部（图2-2-35）。

图2-2-35

技术要领

★ 对方于背后用手臂揽住我脖颈的瞬间，我双手就要迅速扳住敌人的手臂，切勿令其勒紧咽喉。

★ 在俯身摔出对方时，弯腰的同时臀部一定要向上撅顶，主要是利用双腿的蹬力将对方掀翻过去，而不是单单用腰部的力量。

第三节
正面圈扼脖颈的防御方法

由身体正面展开实施脖颈圈扼，即我们平常所说的"断头台"（Guillotine Chok），是一种源于巴西柔术的窒息降服技术。由于其动作酷似中世纪时期的刑具"断头台"，故而得名。主要是由正面用手臂圈锁住对方脖颈，以小臂桡骨部位针对其咽喉气管施压，进行遏制，阻止空气流动到

图2-3-1

肺部，导致对方呼吸困难、窒息。也可根据使用时手臂的施压点不同造成血液循环阻塞，形成与裸绞类似的效果。这种技术在地面战斗中较为常见（图2-3-1），站立格斗时多用来对付下潜抱摔，防摔效果非常显著。

以下为大家介绍的是几种对付"断头台"的逃脱和反击技术。

A 撩裆挤别逃脱→冲膝反击

【动作说明】

（1）双方交手时，我处于被动局面，脖颈不慎被敌人由前面用右臂圈扼住，其左手抓住自己右手腕部，准备向后仰身以"断头台"技术降服我（图2-3-2）。

图2-3-2

图2-3-3

(2) 此时，我迅速用左手扳抓住对方右手腕部，并用力向左下方拉扯；同时伸展右臂，以右掌自下而上撩打对方裆部，迫使其放松对我脖颈的锁控（图2-3-3）。

(3) 动作不停，身体左转，左手继续向左拉扯对方手臂，同时借转身之势将右侧肩膀挤进对方双臂内侧，这样其令我窒息的企图就无法得逞，并以右大臂挤别对方左臂，迫使其左手放松对其右手腕的抓握，头颈配合用力向上抬起，挤顶对方右侧腋窝（图2-3-4）。

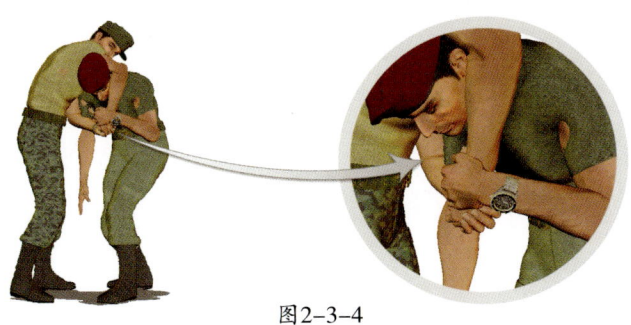

图2-3-4

(4) 继而，我右脚向对方右脚外侧上步，右臂屈肘，右手扣按住自己左手，身体猛然左转，直腰挺身，重心向上提起，左肩顺势向上扛顶对方左大臂根部，双手配合用力向下扣压，令其彻底放松对我的控制，并被我反制（图2-3-5）。

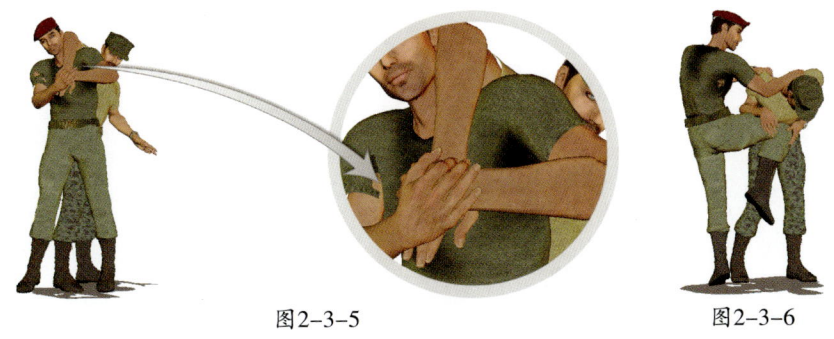

图2-3-5　　　　　　　　　　图2-3-6

(5) 紧接着，身体继续向左后方翻转，双手随即放开对方的右臂，转身后迅速抓扯住敌人的后颈和后背，用力向下按压，同时右腿屈膝向上狠狠顶撞对方腹部，予以还击（图2-3-6）。

技术要领

★ 站立状态下的"断头台"技术是非常凶险的降服手段，一旦对方意图得逞，将令我产生严重窒息，甚至瞬间折断我的脖颈，后果是相当严重的，所以绝对不能让敌人顺利实施动作。在对方右臂刚刚圈住我脖颈的一刹那，就要及时做出反应。

★ 要充分利用身体的转动，以右侧肩臂挤别对方左臂，配合左手的拉扯，周身协调动作，瞬间发力，才可以顺利解脱，成功逃脱控制。

★ 转身后的反击动作要自然、流畅，顺势而为，一气呵成。

B 连续撩裆→圈颈戳眼

【动作说明】

（1）双方交手时，我处于被动局面，脖颈不慎被敌人由前面用右臂圈扼住，其左手抓住自己右手腕部，准备向后仰身以"断头台"技术降服我（图2-3-7）。

图2-3-7

图2-3-8

图2-3-9

（2）此时，我可以先用右掌自下而上撩打对方裆部，然后身体略右转，再用左手撩打其裆部，令其生殖器产生剧痛，迫使其放松对我脖颈的锁控（图2-

3-8、图2-3-9)。

(3) 对方的裆部遭受攻击时,其会不由自主地向后退缩臀部,而导致上体前俯。此刻,我可以迅速将右臂高高抬起,伸展至对方脖颈上方(图2-3-10)。

图2-3-10　　　　　　　　　　图2-3-11

(4) 动作不停,右臂顺势屈肘,圈揽住对方的脖颈,上体配合左转,针对其脖颈形成扭别之势(图2-3-11、图2-3-12)。

图2-3-12　　　　　　　　　　图2-3-13

(5) 此时,可以用左手戳抠对方双眼,予以创伤(图2-3-13)。

技术要领

★右臂圈揽住对方脖颈后,上体要立即左转,利用右臂向下压制对方的脖颈,同时自己的头颈要配合手臂动作使劲向上挣脱对方的控制。

★左手戳抠双眼的动作要准确有力,毫不留情,对于这种针对眼睛的残酷攻击,对方是无法忍受的,其别无选择,只有屈服。

C 连续撩裆→圈颈勾裆摔

【动作说明】

(1) 双方交手时，我处于被动局面，脖颈不慎被敌人由前面用右臂圈扼住，其左手抓住自己右手腕部，准备向后仰身以"断头台"技术降服我（图2-3-14）。

图2-3-14　　　　　　图2-3-15　　　　　　图2-3-16

(2) 此时，我可以先用右掌自下而上撩打对方裆部，然后身体略右转，再用左手撩打其裆部，令其生殖器产生剧痛，迫使其放松对我脖颈的锁控（图2-3-15、图2-3-16）。

(3) 在对方因裆部剧痛而被迫向后退缩臀部、上体前俯时，我可以迅速将右臂高高抬起，伸展至对方脖颈上方，然后屈肘圈揽住对方脖颈，上

图2-3-17

体配合左转，针对其脖颈形成扭别之势（图2-3-17）。

（4）动作不停，右腿向前抬起，右脚由对方两腿间穿过，左手托住其右侧大腿位置（图2-3-18）。

（5）旋即，左腿屈膝下蹲，身体重心后移、下落，以臀部主动跌坐着地（图2-3-19）。

（6）上体后仰，后背着地，右臂夹紧对方脖颈，右侧肩胛用力向后压制。同时，右腿借助身体向后跌坐的惯性猛然向上方扬起，勾挂对方腹股沟。瞬间动作可令敌人身体重心失衡，被迫向前翻滚，由我身体上方摔至我头顶上方（图2-3-20、图2-3-21）。

图2-3-18

图2-3-19

图2-3-20

（7）成功将敌人摔出后，我迅速向右翻滚、起身，并进一步用左脚踩踏其头部（图2-3-22至图2-3-24）。

图2-3-21　　　　　　　　　　　图2-3-22

　　　　图2-3-23　　　　　　　　　图2-3-24

技术要领

★这种技术有点类似于柔道和桑搏中的"带躯翻"，先控制住对方的头颈，然后再利用后滚翻将其掀翻过去。

★右腿向前抬起时，也可以顺势用小腿胫骨攻击对方的裆部。

★身体向后跌坐、仰躺时，右腿要同步向上、向后摆动扬起，左手也要一并向上托送对方的右腿，上下肢配合协调，才能顺利地掀翻对方。

★在降低身体重心向后倒地时，要臀、腰、背依次向后滚动着地，注意不要造成自我损伤。

D 圈颈顶裆→跌摔撞头

（1）双方正面冲突，我脖颈不慎被敌人用右臂圈扼住，由于对方身材高大威猛，相形之下，我所处局面更显被动（图2-3-25）。

（2）我可以如上势所述，依次用双手撩袭对方裆部，迫使其低头俯身，并放松对我控制（图2-3-26、图2-3-27）。

图2-3-25

图2-3-26

图2-3-27

（3）继而，将右臂高高抬起，伸展至对方脖颈上方，然后屈肘圈揽住对方脖颈，针对其脖颈形成圈锁夹头之势，并用力向下压制（图2-3-28、图2-3-29）。

图2-3-28

图2-3-29

图2-3-30

（4）鉴于对方身材高大，我的力量不足以压制住他的脖颈，我可以用左手抓住自己右手腕部，在锁定对方脖颈的基础上，抬起右腿，屈膝以膝盖为力点向前上方连续狠狠顶撞敌人裆部，迫使其进一步低头俯身、身体重心前倾（图2-3-30）。

（5）动作不停，左腿屈膝，身体重心后移、下落，臀部突然主动跌坐着地。右臂圈锁住对方脖颈，将其一并向前下方拽倒，令其头顶重重触撞地面，

图2-3-31

造成脑震荡的同时可对其颈椎形成严重创伤（图2-3-31）。

★本势介绍的这种摔倒敌人的方式与上势基本相同，不同之处在于并没有将对方掀翻过去，而是利用瞬间的摔倒给予其头颈造成创伤。

★这种招数，在对付身高体重超过我方的对方时，效果明显。由于我的力量不足以掀翻对方，利用这种手段不仅可以拽倒对方，还可以利用对方自身的体重对其形成伤害，而且因为重力加速度的原因，对方的体重越大，其创伤也越严重。

第三章

针对扣压脖颈的防御技术

针对脖颈实施的扣压，也可以理解为兜臂压颈，即由敌人身后伸出双手，自对方两侧腋下穿过，用双臂向上兜起对方双臂，然后屈肘，双手交叉扣按住对方后脖颈（图3-1-1）。在限制其双臂自由的同时，也对脖颈造成了巨大的压力，从而达到控制降服敌人之目的。

这种技术在军警人员进行捕俘、押解时经常使用。本节就是讲解针对扣压脖颈的脱解与反击技术。

图3-1-1

A 低头扳手逃脱→连续后扫肘反击

【动作说明】

（1）实战中，敌人由我背后突然伸出双手，自我两侧腋下穿过，用双臂向上兜起我的双臂，然后屈肘，双手交叉扣按住我后脖颈，对我实施控制（图3-1-2）。

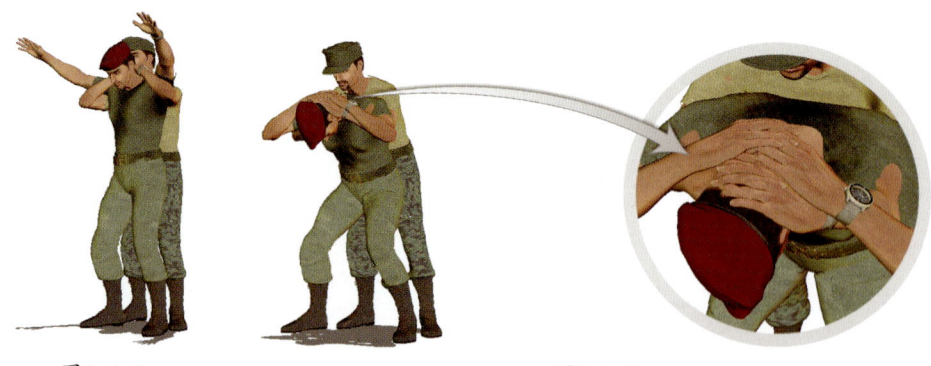

图3-1-2　　　　　　　　图3-1-3

（2）此时，我迅速双腿屈膝、降低身体重心，俯身低头，同时将双臂向上抬起，屈肘用双手扳抠住敌人双手大拇指位置，然后用力向前下方扳拉其双手，可以将其双手由我脖颈上经过后脑扳至我面前，从而摆脱其双手的扣压（图3-1-3、图3-1-4）。

（3）旋即，身体快速左转，带动左臂屈肘向左后方摆动，以肘尖为力点攻击敌人头部。或者右转身，以右肘发动攻击（图3-1-5、图3-1-6）。

图3-1-4

图3-1-5

图3-1-6

技术要领

★ 双手扳抠的位置一定要准确、到位。

★ 双手向前下方扳拉对方双手的时候，一定要俯身低头，才可以顺利将其双手扳开。随后的后扫肘反击可以是连续的。

B 夹臂过背摔

【动作说明】

（1）实战中，敌人由我背后突然伸出双手，自我两侧腋下穿过，用双臂向上兜起我的双臂，然后屈肘，双手交叉扣按住我后脖颈，对我实施控制（图3-

1-7)。

图3-1-7

图3-1-8

图3-1-9

（2）我双腿屈膝，身体重心突然下沉，以臀部向后抵靠住对方的腰腹部位，同时双臂屈肘（图3-1-8）。

（3）动作不停，上体猛然向前俯身，双腿挺膝蹬直，臀部用力向后翘起，双臂向下扣压对方双臂，周身协同动作，瞬间将对方由背后过肩摔至体前（图3-1-9、图3-1-10）。

图3-1-10

图3-1-11

（4）如果因对方双臂的牵扯，我也被迫倒地的话，可以在倒地瞬间，左臂屈肘，以肘尖为力点狠狠砸击敌人胸腹部（图3-1-11）。

技术要领

★ 实施过背摔时，双臂一定要屈肘向下夹持对方的双臂。

★ 上体前俯时，双脚要配合蹬地，拱背翘臀，重心朝前下方移动。整个动作要求连贯顺畅，急起直落。

第三章 针对扣压脖颈的防御技术

C 掰指逃脱→扫肘反击

>【动作说明】

（1）敌人由背后偷袭，突然伸出双手，自我两侧腋下穿过，用双臂向上兜起我的双臂，然后屈肘，双手交叉扣按住我后脖颈，对我实施控制（图3-1-12）。

图3-1-12　　　　　　　　　图3-1-13

（2）我迅速抬起左臂，屈肘向后挥舞，以左掌手指撩戳敌人眼睛，迫使其向后仰头、放松对我的控制（图3-1-13）。

（3）旋即，用右手扳抠对方右手小拇指（图3-1-14）。

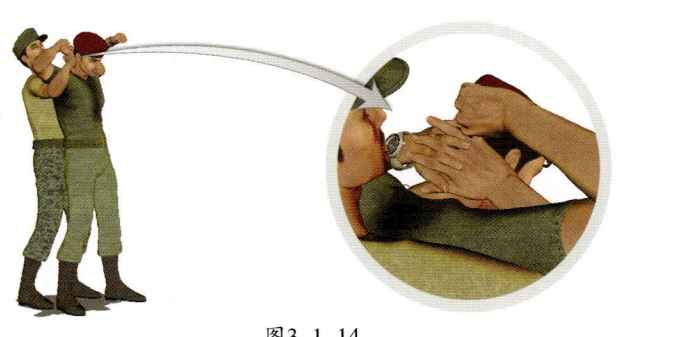

图3-1-14　　　　　　　　　图3-1-15

103

(4) 右手攥紧对方右手小拇指后，使劲向下拉扯、掰折，可以迫使敌人放松对我脖颈的扣压（图3-1-15、图3-1-16）。

(5) 继而，在破解了对方的扣压控制后，身体猛然向左后方拧转，左臂屈肘，借身体摆动之势，朝左后方横扫，以肘尖为力点袭击对方头颈部（图3-1-17）。

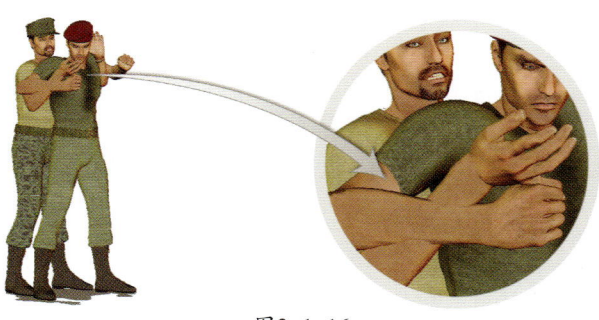

图3-1-16

图3-1-17

技术要领

★右手攥住对方右手小拇指向下拉扯时，右肘要夹紧，可以加大掰折的幅度和力度。

★做左转身横扫肘动作时，右手要始终紧紧攥住敌人右手小拇指不放，使主动权始终掌握在自己一方。

D 勾踢绊摔→砸击胸部

【动作说明】

(1) 敌人由背后跟随，突然伸出双手，自我两侧腋下穿过，用双臂向上兜起我的双臂，然后屈肘，双手交叉扣按住我后脖颈，令我行动受到限制（图3-1-18）。

第三章 针对扣压脖颈的防御技术

图3-1-18

图3-1-19

图3-1-20

（2）我迅速双腿屈膝，身体重心突然下沉，双臂屈肘，上体前俯，以缓解对方双手的压制力度（图3-1-19）。

（3）继而，身体重心向左后方移动，臀部左闪，右脚顺势向身体左后方摆动、后退一步，以脚掌着地（图3-1-20、图3-1-21）。

图3-1-21

图3-1-22

（4）动作不停，上体后仰，身体重心猝然后沉，右腿挺直，再猛然向右前方勾踢，以大腿内侧勾挂敌人左腿内侧，迫使其身体重心失衡，被迫向后仰摔（图3-1-22）。

（5）猝然向后仰摔的冲击力量，可以令其放松对我脖颈的压迫。倒地

图3-1-23

105

瞬间上体右转，右臂屈肘，以肘尖为力点狠狠砸击敌人胸腹部（图3-1-23）。

【技术要领】

★身体左后闪与右脚向后撤步的动作要配合协调，右腿踢出时一定要挺膝伸腿。

★身体向后摔倒时，左腿膝盖要向下弯曲，可以缓解倒地的冲撞力量，防止不必要的自我损伤。

E 别腿靠摔→捶击裆部

【动作说明】

（1）实战中，敌人由我背后突然伸出双手，自我两侧腋下穿过，用双臂向上兜起我的双臂，然后屈肘，双手交叉扣按住我后脖颈，对我实施控制（图3-1-24）。

图3-1-24

图3-1-25

图3-1-25A

（2）我迅速将左脚向身体左侧移动一步，身体重心随之向左侧过渡，令臀髋移至对方腰髋左侧（图3-1-25、图3-1-25A）。

（3）旋即，右脚抬起，由对方身前绕过其左腿移动至其身后，脚尖外旋，脚跟着地，用右腿横别住敌人右腿（图3-1-26、图3-1-27）。

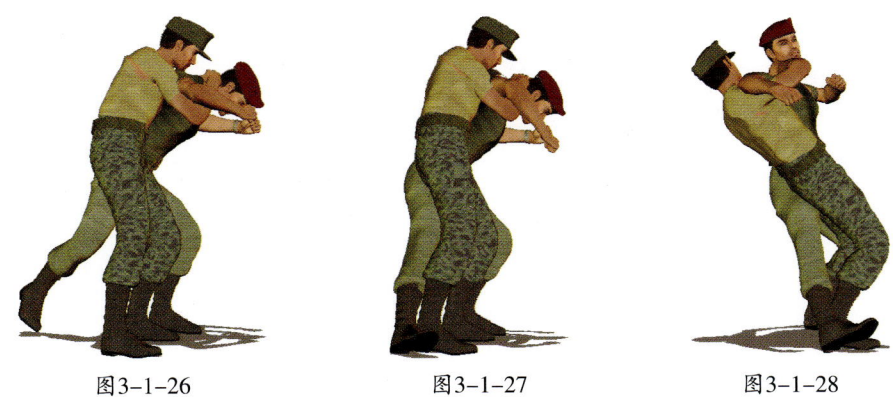

图3-1-26　　　　　　　　图3-1-27　　　　　　　　图3-1-28

（4）动作不停，我右侧肩背及手臂用力向后挤靠，身体重心后仰，主动向后跌坐，以臀部着地，上下肢协调动作，瞬间将敌人摔至我身体右侧（图3-1-28）。

（5）倒地瞬间，可以借助身体下落的重力用右侧臂肘狠狠砸击敌人胸部，予以创伤（图3-1-29）。

图3-1-29　　　　　　　　　　　　图3-1-30

（6）进一步，可以挥舞右臂，以右手拳轮为力点连续捶击敌人裆部（图3-1-30）。

技术要领

★ 本势与上势有异曲同工之处，唯右腿动作略有差异。右脚的移动要灵活、快速，落脚准确到位。

★ 右腿横别住对方右腿时，身体重心要随之下沉，以便削减身体向后跌坐时臀部与地面产生的冲撞力，防止自我损伤。

F 压臂扬头逃脱→扫肘反击

【动作说明】

（1）实战中，敌人由我背后突然伸出双手，自我两侧腋下穿过，用双臂向上兜起我的双臂，然后屈肘，双手交叉扣按住我后脖颈，对我实施控制（图3-1-31）。

图3-1-31　　　　　图3-1-32　　　　　图3-1-33

（2）此时，我迅速将双臂向上抬起，同时右腿屈膝向上提起，右脚脚尖上勾，然后骤然垂直下落，以脚后跟为力点狠狠踩踩敌人右脚脚背（图3-1-32、图3-1-33）。

(3) 敌人脚背受伤后，会因为痛感而不由自主地向前俯身，趁其低头瞬间，我猛然向后仰身扬头、脖颈后挺，以后脑重重撞击对方面部。同时身体重心下沉，双臂一并向下坠落，以手臂内侧压制对方双臂肘窝部位，与头颈后仰动作遥相呼应，迫使其放松双手的控制（图3-1-34）。

图3-1-34　　　　　图3-1-35

(4) 旋即，身体快速左转，带动左臂屈肘向左后方摆动，以肘尖为力点攻击敌人头部（图3-1-35）。

技术要领

★用脚后跟踩跺敌人的脚背，不限制左右脚，根据你的习惯和方便可以随意发挥，也可以用脚后跟撞击其小腿胫骨部位。

★身体后仰时，脖颈一定要用力挺直，与双臂下压动作配合协调，以针对敌人双手形成压力。随后的转身肘击动作要充分利用身体拧转来发力攻击。

G 抬臂跪地逃脱→后蹬腿反击

【动作说明】

(1) 实战中，敌人由我背后突然伸出双手，自我两侧腋下穿过，用双臂向上兜起我的双臂，然后屈肘，双手交叉扣按住我后脖颈，对我实施控制（图3-1-36）。

图3-1-36

图3-1-37

图3-1-38

（2）我迅速将双臂伸直、向上高高举起，双手于头顶上方交汇，掌心朝前（图3-1-37）。

（3）然后，双腿骤然屈膝跪地，身体重心快速下沉，双臂自然向下滑动，由对方双臂间顺利抽脱出来（图3-1-38）。

（4）旋即，在成功摆脱敌人控制后，身体前扑、右转，用双臂支撑地面，同时抬起右腿，用右脚朝身后狠狠蹬踹对方下身，予以反击（图3-1-39）。

图3-1-39

技术要领

★双臂一定要抬高且伸直，身体重心向下坠落的速度要快，出其不意，上下肢配合协调。

★随后的反击动作要出击有力，直奔要害。

第三章 针对扣压脖颈的防御技术

H 撅指逃脱→转身捶击

【动作说明】

（1）敌人由我背后突然伸出双手，自我两侧腋下穿过，用双臂向上兜起我的双臂，然后屈肘，双手交叉扣按住我后脖颈，对我实施控制（图3-1-40）。

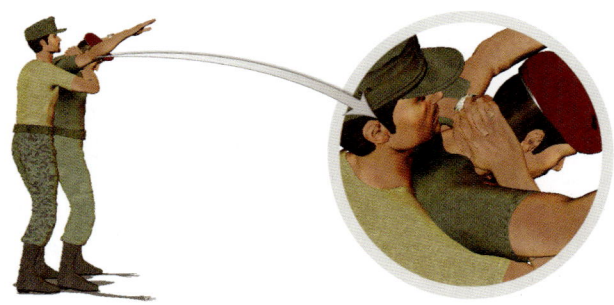

图3-1-40

（2）我迅速将双臂向上抬起，屈肘用双手扣按住对方双手腕部，然后相向移动，左手虎口张开，插入对方右手食指下方，将其食指撬起（图3-1-41）。

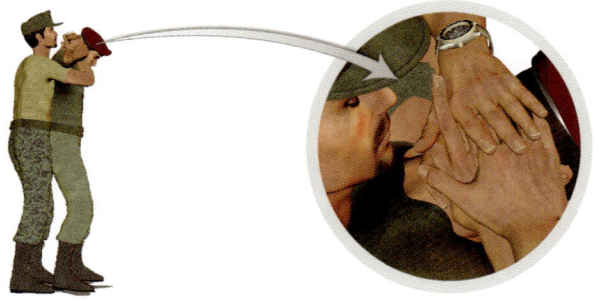

图3-1-41

（3）旋即，左手牢牢攥住对方右手食指，用力掰撅，右手按压住对方右手手背，配合发力（图3-1-42）。

111

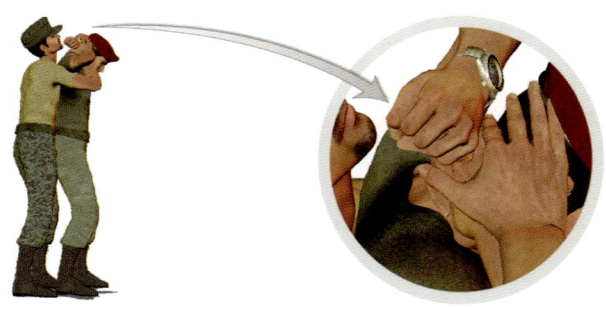

图3-1-42

（4）继而，左脚向右前方上步，身体猛然右转，左手攥紧对方右手食指，用力将其由我后颈处拉下。同时挥舞右臂，借身体旋转之势，以右拳拳轮为力点狠狠捶击敌人右侧脖颈，在摆脱对方控制的同时予以反击（图3-1-43）。

图3-1-43

技术要领

★具体运用时可以用左手攥住对方右手食指，也可以用右手攥住对方左手食指，随机应变。

★反击的过程中，左手依然要牢牢攥紧对方右手食指，并用力向前下方撅别，可以瞬间撅断其食指。

第四章

针对熊抱的防御技术

熊抱，即我们常说的抱腰技术，可以划分为正面实施的熊抱与背后实施的熊抱，又可以进一步分为束缚手臂和不束缚手臂两种情况。

熊抱的实施一般会有三个阶段：一是对方双臂伸出准备拦抱，或者尚未抱死的阶段，此时敌我双方身体之间会有一定距离，回旋余地比较大；二是对方已经用双臂将我牢牢抱住，彼此身体贴靠在一起，双方身躯间没有间隔；三是在被敌人抱住以后，如果你未能及时做出反应挣脱对方的束缚，你的身体重心很容易被对方破坏掉，从而整个身体被提举起来，而处于被摔倒的被动局面。

熊抱通常是不会给予身体造成什么直接的伤害，但是你的行动会受到极大的限制，对方将你抱起来的目的大多是为了限制你的自由，或者将你挟持到别处，甚至将你撂倒、拖入到地面战斗阶段，此刻无论是进攻还是防守，你都是被置于极其被动的状态下了。

第四章 针对熊抱的防御技术

第一节
正面熊抱的防御方法

正面展开熊抱（图4-1-1）不仅仅是摔跤手们非常喜爱的攻击手段，就是在日常街头打斗中，也是屡见不鲜的本能反应。腰部是整个身体实施动作、激发力量的主轴，一旦被对方正面抱住，尤其是双臂被一并束缚的时候（图4-1-2），你打算击出一记有力的重拳，是比较困难的，

图4-1-1　　　　图4-1-2

你会陷入无休无止的纠缠之中，因此必须迅速采取措施逃脱。

A 推髋冲膝

【动作说明】

（1）敌人由正面对我发动袭击，突然双手自我两侧腋下穿过，拦腰将我抱住，欲将我扭摔在地（图4-1-3）。

（2）由于敌人仅仅用双臂环抱住了我的腰部，而我双臂处于自由活动状态，我可以迅速用双手推撑对方两侧胯部髋关节位置。同时身体重心下沉，臀部后缩，下盘扎稳，迫使对方与自己拉开距离，令其无法达到顺利实施扭摔之目的（图4-1-4）。

图4-1-3

图4-1-4

(3) 旋即，双手顺势抓控住对方上体，用力向怀中拉扯，同时身体重心猛然向上提起，右腿屈膝向前上方冲顶对方腹股沟（图4-1-5）。

图4-1-5　　　　　　　　　　　图4-1-6

(4) 继而，在对方裆腹部疼痛难忍、低头俯身之际，再迅速向后撤步抽身，挣脱对方的束缚，与对方拉开一定距离（图4-1-6）。

技术要领

★双手推撑对方两胯的目的是迫使对方远离自己，从而令其无法将我抱实摔倒。随后双手拉控敌人上体，再次缩短彼此间的距离，是在破坏了对方扭摔优势的前提下，为起腿攻击奠定基础。

★右腿屈膝攻出时，左腿要略微弯曲，以保持自身重心的平衡。膝盖的攻击可以是连续的，直至对方彻底屈服。

第四章 针对熊抱的防御技术

B 推髋踢裆

【动作说明】

（1）敌人由正面对我发动袭击，突然伸出双手，将我连同双臂一并环抱住，并牢牢扼紧，令彼此身躯紧贴在一起（图4-1-7）。

图4-1-7

（2）由于对方双臂牢牢扼紧了我的双臂，使我的上肢活动空间受到限制，所以首先要拉开彼此间距。我可以迅速用双手推撑对方两侧胯部，同时身体重心下沉，臀部后缩，为下一步的反击动作拓展一定的空间（图4-1-8）。

图4-1-8　　　　　　　　　　　　图4-1-9

（3）旋即，双手顺势抓拉住对方上体，用力向怀中拉扯，同时飞起右脚，以小腿胫骨部位为力点狠狠攻击对方裆部（图4-1-9）。

技术要领

★双手推撑对方两胯的目的是迫使对方远离自己，为反击创造有效的活动空间。

★展开反击时，起腿速度要快，击点准确，动作连接顺畅。右腿攻出时，左腿要略微弯曲，以保持自身重心的平衡。踢击可以是连续的，直至对方屈服。

C 抓发托颌→拧头摔

【动作说明】

（1）对方由正面对我发动袭击，突然双手自我两侧腋下穿过，拦腰将我抱住，并用头抵顶住我右侧肩头（图4-1-10）。

图4-1-10　　　　　　　　　　图4-1-11

（2）由于我双臂是自由的，所以迅速用左手抓住对方头发，同时伸出右手自下而上托住其下颌部位（图4-1-11）。

（3）旋即，左脚向后退步，身体猛然向左拧转，同时左手抓紧对方头发用力向左后方拉扯，右手顺势推送其下颌，双手一并发力，沿逆时针方向旋拧，瞬间可拧折敌人脖颈，并将其撂倒在地，从而达到脱解目的（图4-1-12、图4-1-13）。

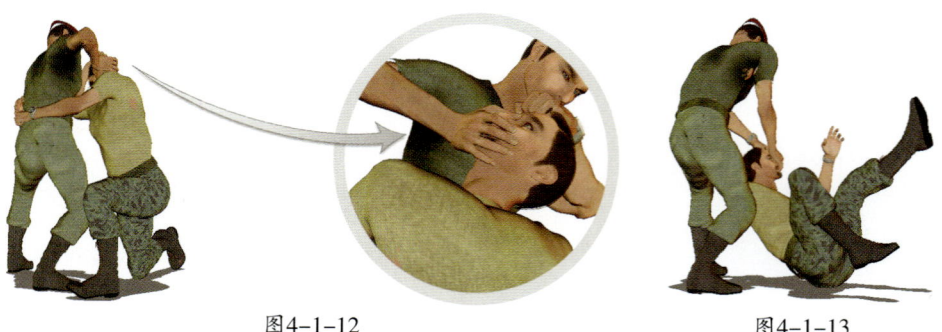

图4-1-12　　　　　　　　　　图4-1-13

第四章 针对熊抱的防御技术

技术要领

★右手托抓对方下颌时，要用手掌心部位托住其下巴位置，虎口卡住其鼻子，手指可以同时抠抓其眼睛和脸颊。

★推拧对方头部的动作要左右手同时发力，要充分利用身体转动的惯性发力。上下肢动作配合协调，瞬间发力可导致其颈椎折断。敌人倒地后，可以进一步用脚连续踩踏其头部和身躯。

D 夹脸抠眼

【动作说明】

（1）敌人由正面对我发动袭击，突然双手自我两侧腋下穿过，拦腰将我抱住，并逐渐将双臂收紧，欲将我抱实（图4-1-14）。

图4-1-14

（2）危急时刻，我迅速抬起双臂，用双手手掌夹住对方脸颊，双手大拇指抠按住其双眼部位（图4-1-15）。

图4-1-15

（3）旋即，双臂一并用力向前伸展，双掌夹紧对方脸颊向前下方旋拧，双手大拇指使劲向前下方抠按其双眼，令其因眼睛剧痛而放松对我的控制（图4-

119

1–16）。

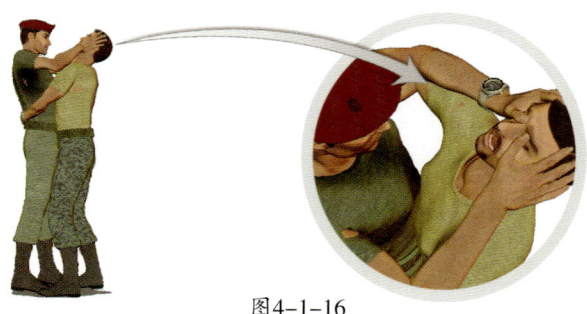

图4-1-16

【技术要领】

★双手大拇指抠按对方双眼是非常凶狠的技术，也是非常行之有效的，出手时动作要突然、到位，手掌一定要夹紧其脸颊。双臂同时发力前送，瞬间动作不仅可以给予敌人双眼造成损伤，而且可以令其当即仰摔在地。

★也可以用双手大拇指抠按敌人鼻子根部。具体攻击部位，可根据具体情况而定，敌人不同，手段不同。日常练习时，要点到为止。

E 砸肘脱解

【动作说明】

（1）实战中，敌人突然俯身前蹿，用双手自我两侧腋下穿过，拦腰将我抱住，欲将我掀翻在地（图4-1-17）。

（2）我双脚站稳的前提下，将身体重心略向上提起，同时将右臂向上高高抬起，蓄势待

图4-1-17

图4-1-18

第四章 针对熊抱的防御技术

发（图4-1-18）。

（3）旋即，身体重心突然下沉，带动右臂屈肘向下坠落，以肘尖为力点狠狠钉砸对方后背或者后脖颈，连续的下砸肘可以迫使敌人彻底放松对我的搂抱，令其趴伏于地（图4-1-19、图4-1-20）。

图4-1-19

图4-1-20

技术要领

★在实施下砸肘时，右臂要尽量抬高，上体略左转。向下钉砸时要沉肩坠肘，身体重心随之下沉，先扬后抑，以助发力。

★实施连续的砸肘动作时，双脚要牢扎于地，同时腰臀配合上肢动作使劲向后挣脱对方双臂的环抱。

F 扯发砸击

【动作说明】

（1）实战中，敌人由正面伸出双手自我两侧腋下穿过，将我拦腰抱住，双臂环抱的力量很大，彼此身躯间距较小，使我无法如上势中那样用双手推撑其身体拉开距离（图4-1-21）。

121

(2) 在这种情况下，我可以用右手推按对方左侧肩头，令其上体略后仰，随即左臂屈肘抬起，用左手迅速抓住对方的头发（图4-1-22）。

(3) 继而，身体左转，重心向左侧偏移，并骤然下沉，左手顺势使劲向左下方拉扯对方的发髻，这种拉扯产生的疼痛感是非常巨大的，同时可以令其脖颈过度向后伸展，敌人会瞬间放松双臂对我的锁抱，仰面屈服（图4-1-23）。

图4-1-21　　　　　图4-1-22

图4-1-23

(4) 动作不停，我右拳高高扬起，在对方脸面后仰的一刹那，以右拳自上而下猛砸其咽喉或面部（图4-1-24、图4-1-25）。

图4-1-24　　　　　图4-1-25

第四章 针对熊抱的防御技术

技术要领

★ 在腰部被对方控制住的时候，如果双手是自由的，那就对你非常有利，要充分发挥双手的作用展开反击。

★ 左手抢抓对方头发要牢固、有力，下拉的动作要干脆利落，切勿拖泥带水。右拳的击打动作可以是连续的，直到对方彻底屈服。

G 袭裆推髋→连续冲膝

【动作说明】

(1) 敌人由正面进攻，突然伸出双手，将我连同双臂一并环抱住，并牢牢扼紧，令彼此身躯紧贴在一起（图4-1-26）。

(2) 我右脚向后退一步，尽量将彼此的距离拉开一些，旋即用左手掏抓或者撩拍对方裆部，进行袭扰（图4-1-27）。

(3) 动作不停，再用双手猛然推撑对方两侧胯部，同时身体重心下沉，臀部后缩，进一步逼迫对方身躯向后退缩（图4-1-28）。

(4) 继而，左臂屈肘圈揽住对方右臂，右手抓住其右侧肩头，双臂协同动作用力向怀中拉扯，同时身体重心猛然向上提起，右腿屈膝向前上方冲顶对方腹股沟（图4-1-29）。

图4-1-26

图4-1-27

图4-1-28

图4-1-29

技术要领

★ 由于双臂被对方束缚住了,所以上肢动作幅度也受到了限制,要想施展有效的反击,必须首先为攻击动作拓展一些空间,这点很重要。

★ 退步、撩裆、推胯这一系列动作要连贯协调。随后的膝盖攻击可以是连续的,右腿屈膝攻出时,左腿要略微弯曲,以保持自身重心的平衡。

H  悬空飞膝→踢裆反击

【动作说明】

(1) 敌人由正面对我发动袭击,突然伸出双手,将我连同双臂一并环抱住,并用力向上提抱,欲将我举起(图4-1-30、图4-1-31)。

(2) 在对方将我向上提举、令我双脚离开地面的一刹那,我右腿立即向右后方伸展、摆动,上体收拢,紧紧贴靠于对方上体,双臂顺势向上抬起,用力挣脱其双臂的

图4-1-30

图4-1-31

束缚（图4-1-32）。

图4-1-32　　　　　　　图4-1-33　　　　　　　图4-1-34

（3）旋即，双手揽抱对方腰髋，右腿屈膝以膝盖为力点使劲向前冲顶敌人裆腹部，瞬间可令其放松对我的搂抱（图4-1-33）。

（4）在双脚平稳着地后，迅速用双手控制住对方上体，同时飞起右腿，以小腿胫骨部位为力点连续攻击敌人腹股沟（图4-1-34）。

技术要领

★右腿向后的伸展动作要在对方将你提举起来的瞬间进行，借对方上提之力，顺势而为，然后再借助回荡的惯性迅疾屈膝向前冲击。

★对方被迫放松搂抱，我双脚落地时要扎稳下盘，注意控制好身体的平衡。

I 卡鼻抓发→锁喉拧头

【动作说明】

（1）实战中，敌人突然俯身向前，用双手自我两侧腋下穿过，拦腰将我抱住（图4-1-35）。

图4-1-35　　　　　　　　　图4-1-36

（2）我迅速屈肘、抬起左臂，将左手伸至敌人面前，以掌刃为力点卡住对方鼻子下端，并用力向前推压，令其向后仰头（图4-1-36）。

（3）旋即，在对方上体与我拉开一定距离后，我左手向前上方移动，顺势将抓住对方的头发，右手则立即锁掐住对方的喉咙（图4-1-37）。

图4-1-37　　　　　　　　　图4-1-38

（4）然后，左脚向后退步，身体猛然向左拧转，同时左手抓紧对方头发用力向左后方拉扯，右手用力掐卡对方咽喉并向下推送，双手一并发力，沿逆时针方向旋拧，瞬间可令敌人呼吸困难，并将其撂倒在地，从而达到脱解目的（图4-1-38）。

技术要领

★由于对方双臂搂抱有力，其上体紧贴我上体，我必须设法拉开彼此间距离，左手卡鼻的动作可以轻松迫使敌人上体后仰。

★抓发要牢，锁喉要力达指尖，旋推对方头部的动作要左右手同时发力，要充分利用身体转动的惯性发力，同时脚步要灵活，上下肢动作配合协调。

第四章 针对熊抱的防御技术

J 推鼻扳脸→转身拧头摔

【动作说明】

（1）实战中，敌人突然俯身向前，用双手自我两侧腋下穿过，拦腰将我抱住（图4-1-39）。

图4-1-39　　　　　　　　图4-1-40

（2）我迅速抬起左臂，由其脑后屈肘绕至对方脸颊左侧，用左手扣扳住其左脸及耳朵位置；同时抬起右手，以右掌掌根为力点向上推抵住对方鼻子根部（图4-1-40）。

（3）旋即，左脚向左侧移动一步，身体左转，带动双手同时发力，沿逆时针方向旋拧对方头颅，瞬间动作可令敌人脖颈受挫，并将其摔倒在地，从而达到脱解目

图4-1-41　　　　　　　　图4-1-42

127

的（图4-1-41、图4-1-42）。

技术要领

★左手要扣住对方的左耳或脸颊，右手以掌根卡住其鼻子根部，双手仿佛抱着一只皮球，然后骤然旋拧，瞬间爆发出来的力量甚至可以扭断敌人的颈椎。

★身体转动时，左脚一定要向外移动一步，这样可以加大身体转动的幅度，从而提高手臂动作的力量。

K 拇指螺丝

【动作说明】

（1）实战中，敌人突然俯身向前，用双手自我两侧腋下穿过，拦腰将我抱住（图4-1-43）。

图4-1-43　　　　　　　　　　　图4-1-44

（2）我迅速抬起双臂，屈肘用双手合抱敌人的脖颈，分别以双手四指扣住其后脖颈，以两个大拇指抵按住其耳后下颌根部与脸颊衔接凹陷处（图4-1-44）。

（3）旋即，双小臂同时向前翻转，双手以大拇指为力点用力旋拧对方耳根后方，令其产生剧痛而放松对我的控制（图4-1-45）。

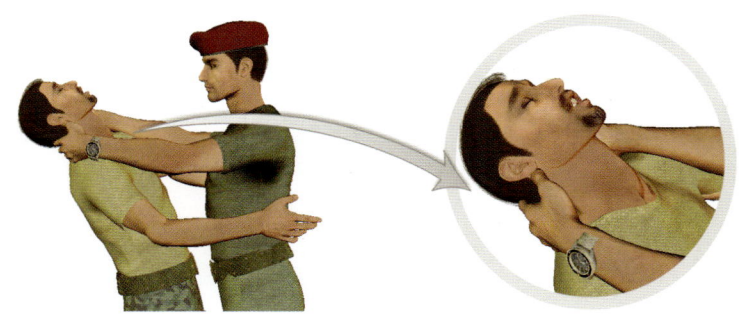

图4-1-45

技术要领

★双手控制对方脖颈的位置要准确，双手四指扣住其后脖颈，大拇指要以指尖为力点抵住对方耳垂后下方的那个凹陷处。

★双手旋拧时，仿佛两个大拇指是两只螺丝钉，用力地相向旋拧，以色列格斗专家形象地将此招称作"拇指螺丝（Thumb Screws）"，其产生的痛感是难以想象的。

L 双掌砍肾

【动作说明】

（1）实战中，敌人突然俯身向前，用双手自我两侧腋下穿过，拦腰将我抱住（图4-1-46）。

（2）如果敌人的身型没有自己强壮，在我的力量远超过于对方的情况下，我可以将

图4-1-46

图4-1-47

双臂同时向身体两侧上方高高抬起，然后双臂骤然屈肘向下、向内挥舞，以双掌掌刃为力点同时砍击敌人双侧肋部，对其肾脏给予重创，可瞬间令其瘫软在地，从而摆脱对方的控制（图4-1-47至图4-1-49）。

图4-1-48

图4-1-49

技术要领

★双臂及双掌的动作要同步、步调一致，手臂先扬后抑。

★双掌砍击的位置要准确，击中目标时，双小臂要瞬间外旋，令掌心朝上，力达掌刃。

M 袭裆卡鼻→前行推摔

【动作说明】

（1）敌人由正面对我发动袭击，突然伸出双手，将我连同双臂一并环抱住（图4-1-50）。

（2）此时，我双腿略微屈膝下蹲，身体重心下沉，同时用双手向前下方撩袭敌

图4-1-50

图4-1-51

人裆部（图4-1-51）。

（3）旋即，双臂屈肘向上抬起，双手张开手掌，以双掌掌心夹住对方面颊两侧，以两个大拇指卡住其鼻子根部（图4-1-52）。

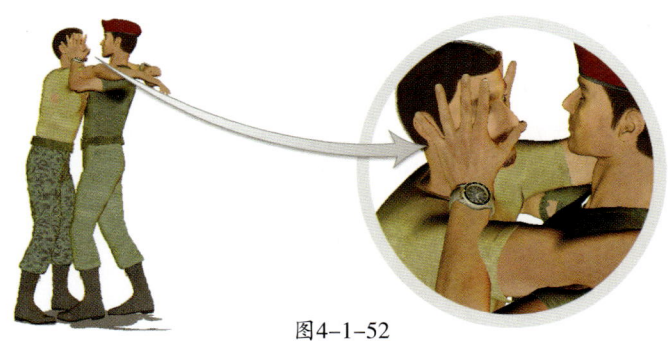

图4-1-52

（4）动作不停，双掌一并发力向前翻拧，以大拇指为力点推送对方鼻子根部，迫使其向后仰头（图4-1-53）。

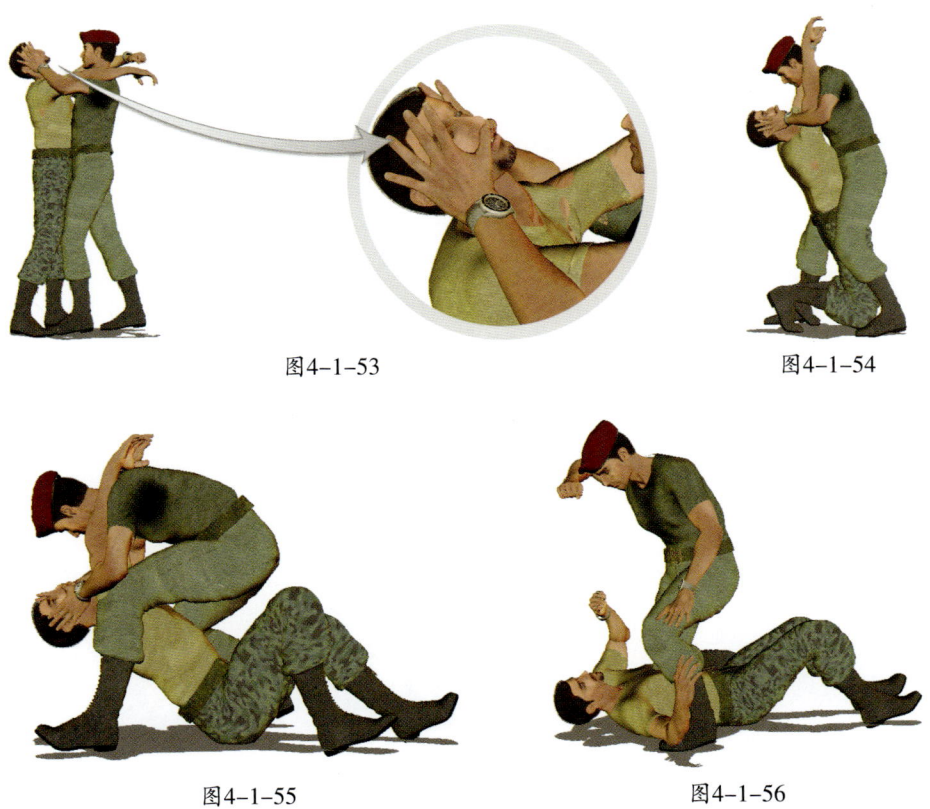

图4-1-53　　　　　　　　　　　　　图4-1-54

图4-1-55　　　　　　　　　　　　　图4-1-56

（5）紧接着，在双手实施动作的同时，右脚快速向前上步，跨至敌人身后，左脚随之跟进向前移动，可以在转瞬间将对方仰面推倒而跌坐在地（图4-1-54、图4-1-55）。

（6）进一步，在敌人倒地后，我可以将一条腿屈膝下跪，抵压住其胸腹部位，然后针对其头部展开连续打击（图4-1-56）。

技术要领

★双手一定要夹住对方的脸颊，两个大拇指要准确地卡住对方的鼻子根部，然后双掌同时向前翻拧，仿佛在转动一只皮球。

★双脚向前移动的速度要快，同时注意落脚点要正确，要落脚于敌人双脚之后，可以起到别绊其下盘的作用，与双掌翻拧动作遥相呼应，才能达到瞬间推倒敌人之目的。

N 冲膝袭裆→转身过腰摔

【动作说明】

（1）敌人由正面对我发动袭击，突然伸出双手，将我连同双臂一并环抱住（图4-1-57）。

（2）我立即用双手搂抱住对方的腰背，然后将右脚抬起，向身体后方摆动，使右腿与敌人拉开一定距离，旋即再骤然屈膝向前摆动，以膝盖为力点冲顶敌人裆部（图4-1-58、图4-1-59）。

图4-1-57

图4-1-58

第四章 针对熊抱的防御技术

图4-1-59　　　　　　　图4-1-60　　　　　　　图4-1-61

（3）右腿攻击动作结束后，右脚迅速落地，左脚向身体左后方移动一步，身体随即左转，双腿略微屈膝下蹲，以右侧腰髋抵住对方腹部。同时，右手搂抱住敌人后腰，左手抓住其右臂（图4-1-60、图4-1-61）。

（4）旋即，双腿猛然蹬地，双膝挺直，上体左转、前俯，臀部向后、向上撅起，双臂用力向前下方拉扯对方的腰身和手臂，瞬间发力可令对方双脚离地，身体悬空（图4-1-62）。

图4-1-62　　　　　　　　　图4-1-63

（5）动作不停，上体继续向左拧转，左手向左下方拉扯对方右臂，右臂配合用力向下裹挟对方腰背，周身动作协调，可将对方由背后经右腰侧摔倒至身前（图4-1-63、图4-1-64）。

（6）进一步，在敌人倒地后，我可以用一条腿屈膝下跪，抵压住其腰肋部位，然后针对其头部展开打击（图4-1-65）。

133

以色列国防军格斗技术全解
——擒拿脱解

图4-1-64　　　　　　　　图4-1-65

技术要领

★ 由于与敌人处于贴身状态，彼此间的距离非常近，所以要运用冲顶膝一类的攻击手段，必须事先为进攻创造一个适当的空间和距离，右腿向后的摆荡便是此目的，只有这样才能使膝盖的攻击具有威力。

★ 挺膝、躬身、撅臀的动作要同步进行，要充分利用双腿蹬直的弹力，将对方背在腰背之上，要以腰部为支点将对方投摔出去。

第二节
背后熊抱的防御方法

背后实施的熊抱（图4-2-1）其实比正面实施的熊抱运用的概率更多一些，敌人往往是在偷袭的时候运用，不易被我方察觉，所以其危害性就更大一些。同时，后背实施熊抱相较于正面攻击更便于将你双脚提离地面（图4-2-2），破坏身体重心平衡更容易，面临被摔倒的可能性更大。另外，由于人体生理构造的限制，被熊抱一方的视线无法全面真切地洞悉背后攻击者的状态和举动，而且四肢向身后发动攻击动作也非易事，特别是在手臂被束缚的情况下，所以摆脱控制的难度也相应地提高了。

图4-2-1　　　　　　　　　图4-2-2　　　　　　　　　图4-2-3

A 仰头撞面

（1）敌人在我身后突然伸出双臂，连同我双臂一并锁抱住，欲将我提起扭摔在地（图4-2-3）。

（2）我先双腿略屈膝，降低身体重心，上体前俯，做出向前挣脱之势，对方为了确保继续控制住我，势必会收紧双臂随我俯身。在其略一低头之际，我再迅速挺身向后仰头，以后脑为力点猛然撞击对方脸面、鼻子部位，瞬间动作可令其鼻口蹿血，被迫放松对我的束缚（图4-2-4）。

图4-2-4

图4-2-5

（3）旋即，我可快速转身、撤步，用力挣脱对方的控制，拉开与敌人的距离，然后再展开反击（图4-2-5）。

技术要领

★我方调整身体重心、俯身低头的目的是为了创造最佳的仰头时机和攻击距离，因为我方的头部与对方的头部距离过近的话，就很难发挥出仰头的攻击威力。

★仰头的同时，双手可以牢牢控制住对方双臂腕部，一并配合用力向下、向两侧拉扯。

第四章 针对熊抱的防御技术

B 连环后扫肘→转身膝击

【动作说明】

（1）敌人由我身后展开偷袭，突然双手自我两侧腋下穿过，拦腰将我抱住（图4-2-6）。

图4-2-6　　　　　　　　图4-2-7　　　　　　　　图4-2-8

（2）在对方尚未收紧双臂的一刹那，我迅速屈膝下蹲，降低身体重心，上体略前俯，防止对方提抱。同时右臂屈肘，右手扣抓住对方左手腕部，左臂略微向前伸展，蓄势待发（图4-2-7）。

（3）旋即，身体猛然向左转动，左臂屈肘，随身体的摆转以肘尖为力点向左后上方扫击对方头部左侧；同时，右手用力向上拉扯对方左手腕（图4-2-8）。

（4）如果对方反应敏捷，及时避让开了我的左肘攻击动作。我再突然向右拧转身体，右手放开对方左腕，右臂屈肘，随身体的摆转以肘尖为力点向右后上方扫击对方头部右侧。连续的后扫肘攻击，足以令对方放松对我腰部的控制（图4-2-9、图4-2-10）。

137

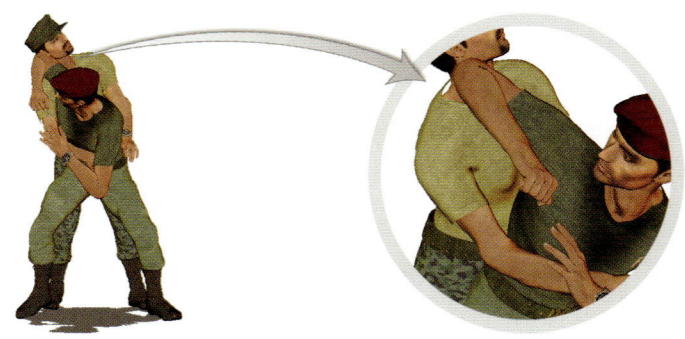

图4-2-9

（5）进一步，身体继续向右后方翻转，双手顺势迅速抓扯住敌人的右肩，用力向下按压。同时右腿屈膝向上狠狠顶撞对方裆部，予以还击（图4-2-11）。

图4-2-10

图4-2-11

技术要领

★双臂的连续肘击动作要连贯协调，出击时强调重心下沉，上体一定要略前俯，与对方拉开一定距离，才能保证以肘尖部位为力点击中对方的头部，尤其是太阳穴位置，这一点很重要。这种肘击方式可以是连续的，直至对方放松对我的控制，然后迅速展开反击。

★转身膝击时，要注意稳定身体重心，双手要有意识地压制住对方的上体。

第四章　针对熊抱的防御技术

C 踩脚逃脱→转身击头

【动作说明】

（1）敌人由我身后展开偷袭，突然伸出双臂，连同我双臂一并锁抱住（图4-2-12）。

（2）我身体重心猛然上提，双臂迅速向上抬起，用力挣脱对方手臂的束缚。同时，右腿屈膝向上抬起，脚尖勾起，蓄势待发（图4-2-13）。

（3）旋即，身体略右转，重心突然下坠，右脚以脚后跟为力点向右后下方狠狠踩踏敌人右脚脚背，迫使其因剧痛而放松对我的控制（图4-2-14）。

图4-2-12

图4-2-13

图4-2-14

图4-2-15

（4）紧接着，身体右后转，右脚向右后方撤步，借助身体旋转的力量，挥舞左手摆拳连续击打对方头部（图4-2-15）。

139

技术要领

★ 右腿屈膝向上提起时，脚尖一定要勾起，以脚后跟瞄准敌人的脚面，同时左腿膝盖不要僵直挺立，要略微弯曲，以维持自身重心的平衡与稳定。

★ 挣脱之后的反击动作应该是灵活多变的，可以用拳头连续击打，也可以用腿膝实施攻击，不必拘于定势。

D 悬空凿手→转身捶击

【动作说明】

（1）敌人由身后对我发动袭击，突然伸出双手，拦腰将我抱住，并用力向上提抱，欲将我双脚离地拔起（图4-2-16）。

（2）在对方将我向上提举，令我双脚离开地面的过程中，我可以用右手抓住对方右手手腕，然后用左拳连续狠狠敲凿其左手手背，令其产生疼痛（图4-2-17）。

图4-2-16

图4-2-17

（3）或者，在对方将我提起瞬间，顺势向后仰头，用后脑勺磕砸敌人面门、鼻子，可以对其形成创伤，从而达到挣脱束缚的目的（图4-2-18）。

第四章 针对熊抱的防御技术

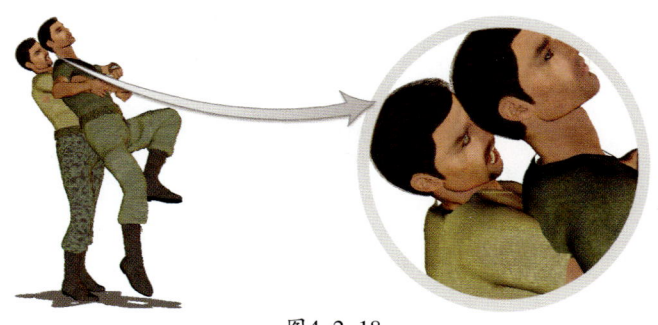

图4-2-18

（4）一旦摆脱对方双臂的锁抱，双脚着地后，要迅速实施反击，转身的肘击或者捶击都是非常行之有效的方法（图4-2-19、图4-2-20）。

图4-2-19

图4-2-20

技术要领

★用拳头敲凿手背的动作看似简单，却非常有效果，可以轻松地迫使对方松开双手。

★如果是用后脑勺去撞击对方面部，应该在对方双臂接触我方腰部的时候，先将下颌收紧、低头，然后在双脚离地的瞬间，骤然仰头，先抑后扬。重创之下，往往可以令敌人鼻口蹿血。

E 悬空撩踢→转身捶击

【动作说明】

（1）敌人由身后对我发动袭击，突然伸出双手，拦腰将我抱住，并用力向上提抱，欲将我举起（图4-2-21）。

图4-2-21

图4-2-22

图4-2-23

（2）在对方将我向上提举，令我双脚离开地面的一刹那，我右腿立即向后方伸展，并用右脚向内侧勾攀住对方右腿膝窝部位，上体后仰，将后背紧紧贴靠于对方上体，双手用力扳拉对方双臂，挣脱其束缚。同时，左脚向前自然伸展、摆动（图4-2-22）。

（3）旋即，左腿屈膝，左脚用力向后回荡，以脚后跟为力点撩踢对方腹股沟，迫使其放松对我的搂抱（图4-2-23、图4-2-24）。

（4）对方因裆部疼痛，将我放下，我双脚着地的瞬间，身体猛然右转，抡起右臂，以右拳拳轮连续捶击敌人头部（图4-2-25）。

（5）另外，也可以在我双脚离开地面的一刹那，

图4-2-24

第四章 针对熊抱的防御技术

将右腿屈膝提起,将右脚蹬踏在对方右大腿之上。同时左腿向前伸展、摆动(图4-2-26、图4-2-27),然后,再利用左脚回荡的力量攻击敌人腹股沟,迫使其放松对我的搂抱(图4-2-28)。

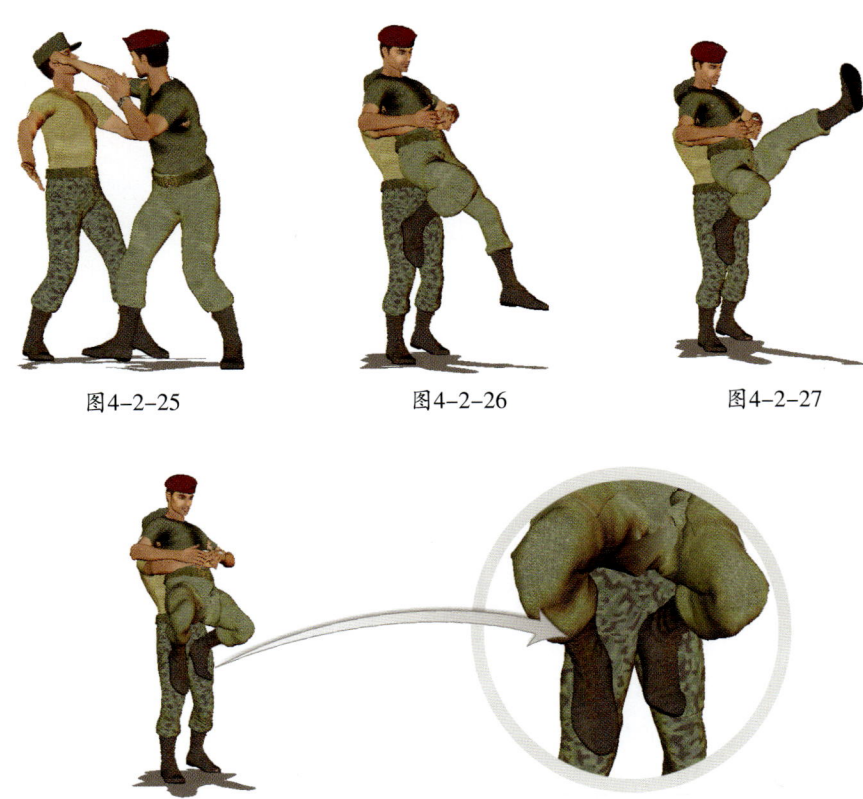

图4-2-25　　　　　　　图4-2-26　　　　　　　图4-2-27

图4-2-28

技术要领

★左腿向前的伸展动作要在对方将你提举起来的瞬间进行,借对方上提之力,顺势而为,然后再借助回荡的惯性迅疾向后撩挂。

★对方被迫放松搂抱,我方双脚落地时要扎稳下盘,注意控制好身体的平衡。捶击动作要充分利用身体转动的惯性击打。

★右脚无论勾攀还是蹬踏敌人右腿,目的都是使自己的身体悬挂在对方的身躯之上,为左腿的攻击形成一个稳定的基础。

F 悬空撩裆挣脱束缚手臂的熊抱

【动作说明】

（1）实战中，如果敌人在熊抱我时，将我连同双臂一并环抱住，即束缚我双臂的情况下实施提抱，我也可以使用类似上述招法来破解对方的控制（图4-2-29）。

图4-2-29

图4-2-30

（2）在对方将我向上提举，令我双脚离开地面的一刹那，我右腿立即向后方伸展，并用右脚勾攀住对方右腿膝窝部位，上体后仰，将后背紧紧贴靠于对方上体，双臂顺势向上抬起，用力挣脱其双臂的束缚。同时，左脚向前伸展、摆动（图4-2-30）。

（3）旋即，左腿屈膝，左脚用力向后回荡，以脚后跟为力点撩踢对方腹股沟，迫使其放松对我的搂抱（图4-2-31）。

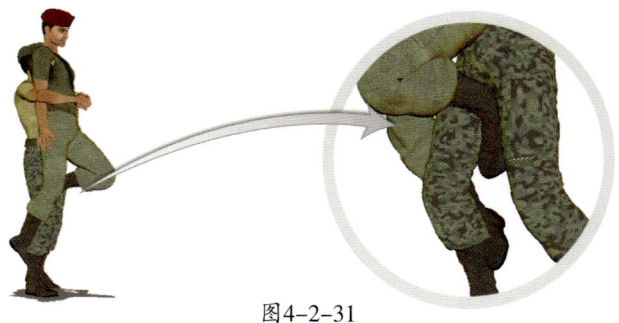
图4-2-31

技术要领

★基本动作要领同上势。

★挣脱束缚后的反击动作可以灵活发挥。

第四章 针对熊抱的防御技术

G 跺脚撅指→踢裆反击

【动作说明】

（1）敌人由我身后展开偷袭，突然用双手自我两侧腋下穿过，拦腰将我锁抱住，其左手牢牢扣住他自己右手腕部，双臂收紧欲将我提起扭摔在地（图4-2-32）。

图4-2-32

图4-2-33

图4-2-34

（2）此时，我迅速屈膝下蹲，降低身体重心，上体略前俯，加大对方提抱我的难度（图4-2-33）。

（3）旋即，身体猛然向左转动，左臂屈肘，随身体的摆转以肘尖为力点向左后上方扫击对方头部左侧（图4-2-34）。

（4）继而，可以抬起右脚猛踩对方右脚脚背（图4-2-35）。

（5）如果对方仍不放松对我的控制，我可以用左手抓牢对方左手手腕，同时右手撬动对方左手食指，并牢

图4-2-35

牢将其攥住（图4-2-36、图4-2-37）。

图4-2-36

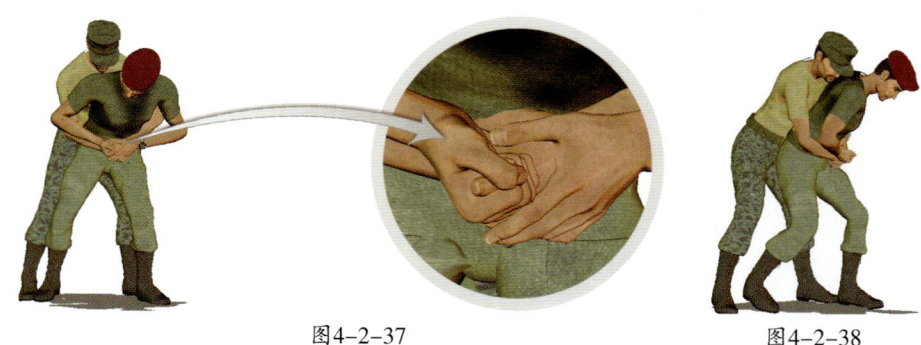

图4-2-37　　　　　　　　　　图4-2-38

（6）然后，身体猛然向左转动，右手攥紧对方左手食指顺势猛撅，可令其产生剧痛而放松对我的控制（图4-2-38）。

（7）挣脱对方锁抱后，右脚向左前方上步，身体继续左转，面向对方，拉开距离（图4-2-39）。

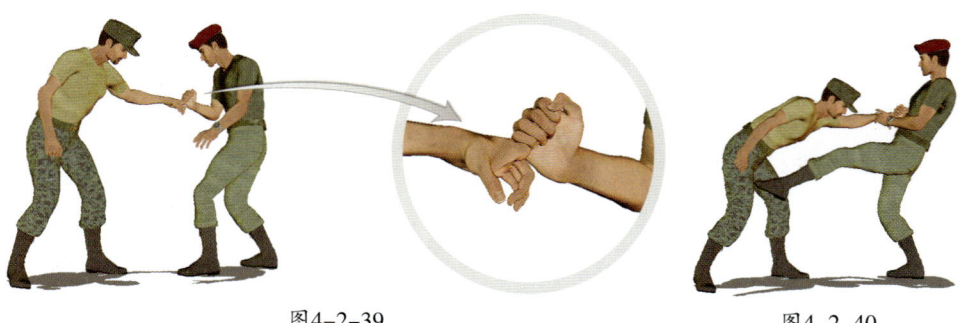

图4-2-39　　　　　　　　　　图4-2-40

第四章 针对熊抱的防御技术

（8）进一步，可以抬起左脚弹踢对方裆部生殖器（图4-2-40）。

【技术要领】

★右手攥住对方左手食指猛撅，瞬间发力完全可以将其折断。在实施撅指时，要充分利用身体转动而产生的力量。

★在实施进一步的反击动作时，右手要始终牢牢攥住其左手食指不放。

H 袭裆扫肘→冲膝反击

【动作说明】

（1）敌人在我身后突然伸出双臂，连同我双臂一并锁抱住，并用力向上提举，欲将我提起扭摔在地（图4-2-41）。

（2）我左脚向前迈出一步，降低身体重心，以加大对方提举的难度。同时右臂向右后方伸展、摆动，以右掌拍击对方裆部生殖器（图4-2-42）。

图4-2-41

图4-2-42

（3）旋即，身体猛然右转，右臂屈肘，以肘尖为力点向右后方横扫敌人头颈部，迫使其放松对我的束缚（图4-2-43）。

（4）继而，身体继续右转，双手拉扯控制住敌人上体，尽量将其

图4-2-43

图4-2-44

147

向怀中拉扯，并以右膝连续攻击其裆腹部，予以重创（图4-2-44）。

技术要领

★在被熊抱时，当对方意欲将你提举起来的情况下，一定要双腿屈膝、降低身体重心，这一点非常重要。只有首先破坏掉敌人的抱摔意图，才可以进一步实施一系列连续攻击。

★整个动作要连贯协调，一气呵成，切勿拖泥带水。

I 捣肘踩脚→撩踢扫肘

【动作说明】

（1）敌人由我身后偷袭，伸出双手连同我双臂一并锁抱住，欲将我提起扭摔在地（图4-2-45）。

（2）我迅速降低身体重心，加大对方提抱我的难度，迫使其无法顺利实施投摔技术。在此基础上，我可以将右臂向右后方伸展，以右掌拍击对方裆部生殖器（图4-2-46）。

图4-2-45

图4-2-46

（3）继而，身体右转，右臂屈肘，以肘尖为力点向右后上方捣击敌人胸腹部位，连续攻击，迫使其放松对我的束缚（图4-2-47）。

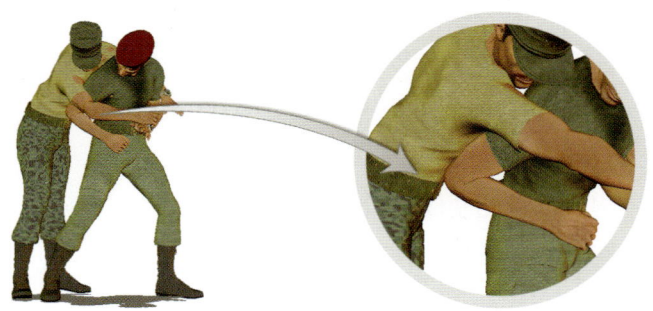

图4-2-47

（4）然后再抬起右脚用力踩踏对方右脚脚面，予以重创（图4-2-48）。

（5）或者，屈膝以小腿向后撩挂对方裆部，同时左手控制住对方右臂腕部（图4-2-49）。

（6）紧接着，右脚落步于对方两脚之间，身体猛然右转，在左手牢牢揽住对方右臂的前提下，右臂屈肘，随身体的转动以肘尖为力点向右后方扫砸对方头部，予以重创（图4-2-50）。

图4-2-48

图4-2-49

图4-2-50

技术要领

★ 当被对方拦腰抱住时，为什么总是强调要迅速降低身体重心呢，目的是破坏对方抱摔的企图。在我身体重心很低的情况下，对方摔倒我的难度会加大许多，这是投摔技术中涉及的常识，一定要特别注意。

★ 这一势里，右脚的动作比较多，在连续动作的过程中，左腿要略微弯曲，注意保持身体的平衡稳定。

J 跺脚磕踢→勾颈戳眼

【动作说明】

（1）敌人由身后对我发动袭击，突然伸出双手，拦腰将我抱住（图4-2-51）。

（2）我略向前俯身，右腿屈膝向上提起，右脚脚尖上勾。然后骤然垂直下落，以脚后跟为力点狠狠踩跺敌人右脚脚背（图4-2-52、图4-2-53）。

图4-2-51　　　　图4-2-52

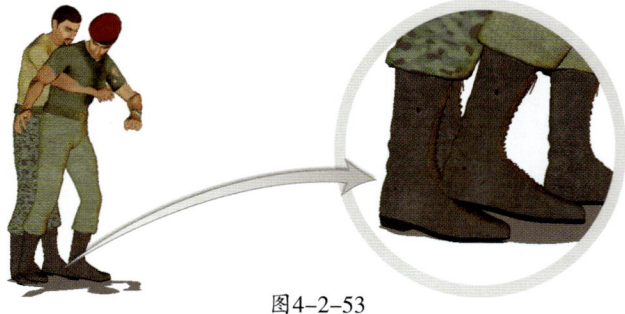

图4-2-53

（3）紧接着，身体略后仰，右腿再次抬起，并向前摆荡，脚尖勾起，摆荡

第四章 针对熊抱的防御技术

至一定高度时，突然停止，然后猛然屈膝向回摆荡，以脚后跟为力点磕砸对方右腿胫骨部位（图4-2-54、图4-2-55）。

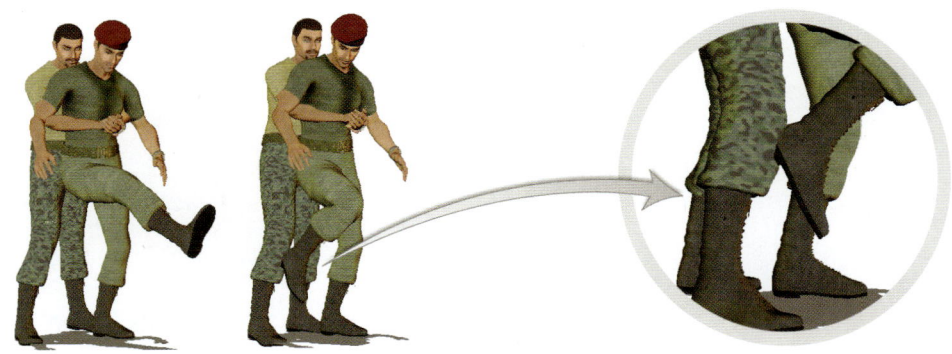

图4-2-54　　　　　　　　图4-2-55

（4）随即，右脚结束攻击动作后，自然落地，双脚站稳。继而，身体重心向左移动，左脚向左侧移动半步，使自己的腰胯由对方腰腹前方挪至其腰髋左侧，令其裆腹部露出空当，遂以右手手掌拍击其裆部（图4-2-56、图4-2-57）。

（5）敌人裆部遭袭，会本能地向后缩臀，而导致上体前俯。我迅速上体后仰，顺势将右臂向上、向后扬起，屈肘勾搂住对方的后脖颈（图4-2-58、图4-2-59）。

图4-2-56　　　　　　　　图4-2-57

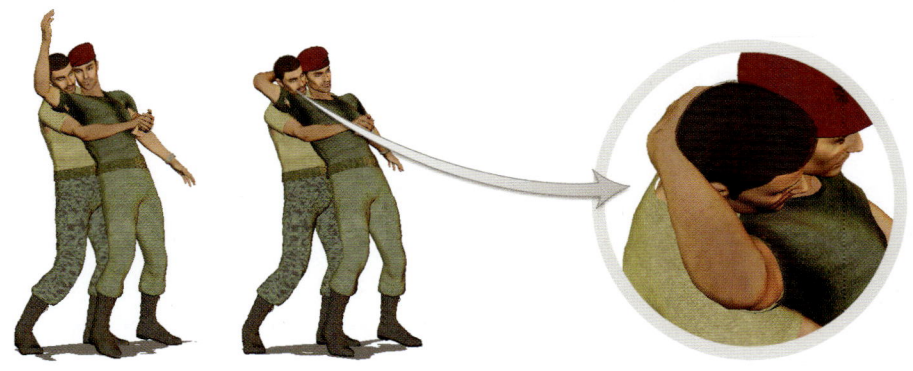

图4-2-58　　　　　　　　图4-2-59

151

(6) 在右臂勾住对方后脖颈的一刹那，上体略前俯，右臂用力勾紧，令对方的下颌恰好担卡在我右侧肩头之上，我头部右侧抵紧对方头部左侧，将其整个头颈牢牢固定住（图4-2-60）。

图4-2-60　　　　　　　图4-2-61

(7) 动作不停，左臂迅速屈肘抬起，用左手向后抠戳敌人双眼，可令其彻底屈服（图4-2-61）。

【技术要领】

★右脚的踩踏与回磕的目的都是迫使对方俯身，为右臂勾揽其脖颈创造条件，所以攻击可以点到为止，达到目的即可。

★右臂勾住对方脖颈的瞬间，就要将右肩头担住其下颌，并用头部抵住其头部左侧，三方力量同时作用，钳制住他的整个头颈。

K 凿手逃脱→攥指拖摔

【动作说明】

(1) 敌人由身后对我发动袭击，突然伸出双手，拦腰将我抱住，其左手攥住自己的右手手腕，左手手背朝上（图4-2-62）。

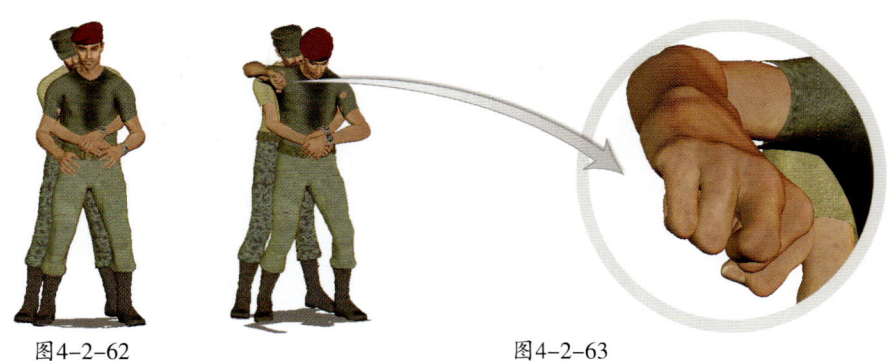

图4-2-62　　　　　　　图4-2-63

（2）在这种情况下，我可以用左手扣抓住对方左手手指部位，然后挥舞右臂，以右手中指指节突起为力点连续敲凿其左手手背，令其产生剧痛而放松对我的搂抱（图4-2-63、图4-2-64）。

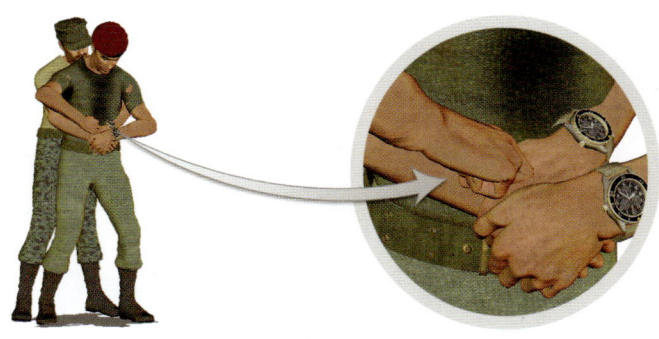

图4-2-64

（3）旋即，在对方双手稍有放松的一刻，我左手立即抓住其左手食指，并将其牢牢攥紧（图4-2-65）。

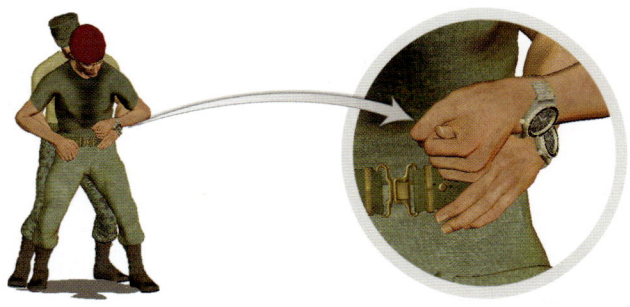

图4-2-65

（4）然后，身体猛然左转，将对方左手由我腰腹前拉扯开（图4-2-66）。

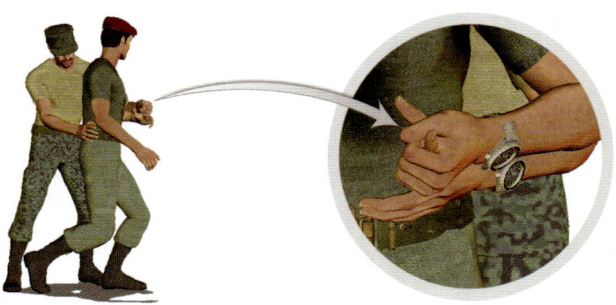

图4-2-66

（5）动作不停，左脚向左后方移动，身体继续左后转，直至面向对方。身体转动过程中，左手始终攥紧对方左手食指，用力向下牵引，可瞬间将其拧断，并令其向前摔倒、屈膝跪伏于我面前（图4-2-67、图4-2-68）。

图4-2-67　　　　　　　图4-2-68　　　　　　　图4-2-69

（6）进一步，可以在对方上体前俯的一刹那，抬起左腿，屈膝向前攻击其面部（图4-2-69）。

技术要领

★左手攥住对方左手食指的动作要准确、牢固，切勿错过时机，一旦得手迅速转身牵制。拿其一指，牵制全身。

★转身的速度要快，脚步要灵活、稳健。

★左腿提膝攻击时，右腿膝关节要略微弯曲，以保证自身的平衡。

第四章 针对熊抱的防御技术

L 抄腿跌摔→别腿降服

【动作说明】

（1）敌人由身后对我发动袭击，突然伸出双手，拦腰将我抱住（图4-2-70）。

（2）我迅速左转身，左脚向左后方移动一步，使自己的臀部贴靠在对方左侧腰胯位置，令对方左脚位于我两脚之间（图4-2-71）。

（3）旋即，突然俯身弯腰，用双手抄抱住敌人左脚脚踝，并用力向上提拉，可导致对方身体重心失衡，迫使其向后仰摔而跌坐在地（图4-2-72、图4-2-73）。

图4-2-70　　　　　图4-2-71

图4-2-72　　　　　图4-2-73

（4）进一步，在敌人倒地一刹那，我可以抱住其左腿，随之向后跌坐，利用自己身体的重量，以臀部为力点向后、向下砸撞对方左侧髋关节（图4-2-74）。

图4-2-74　　　　　　　　　图4-2-75

（5）动作不停，在双手扳住对方左腿的前提下，上体后仰，双手用力向怀中扳揽其左腿，针对髋关节和膝关节形成压力（图4-2-75）。

（6）或者，也可以在敌人向后跌坐的时候，我不随之一并向后跌坐，而是双腿屈膝，重心下沉，上体前探，右臂向前伸展，用左手控制住对方左腿脚踝将其向我右侧腋下扳揽（图4-2-76）。

（7）然后，右臂向右下方摆动，右手扳住自己右侧臀部，以右侧腋窝裹挟住对方左小腿及脚踝部位（图4-2-77）。

图4-2-76

（8）继而，身体重心后移、下沉，臀部后坐，针对对方髋关节形成压力。同时上体右转、后仰，左手扶撑身体左侧地面，以右侧肩胛向后别压对方左腿脚踝后方，针对其膝关节形成压力（图4-2-78）。

图4-2-77　　　　　　图4-2-78

第四章 针对熊抱的防御技术

技术要领

★ 左脚向外侧的移动是非常关键的，只有使对方身体的侧面与自己的后背形成垂直状态，令其左脚处于我两脚之间，才可以顺利俯身抄抱其左腿。

★ 双手抄抱位置要准确，应该是对方小腿后侧脚踝位置。双手向上提拉时，臀部要有意识地向后挤顶，交错发力，将对方掀倒。

★ 抄踝掀翻对方仅是反击的第一步，随后针对膝关节的控制可以令其彻底屈服。当右腋裹挟住对方左腿，身体后落的时候，上体一定要右转，同时双腿要夹持住对方左腿，仿佛是骑乘在一根柱子上一般。

M 扳头卡颌→过背投摔

【动作说明】

(1) 敌人由身后对我发动袭击，突然伸出双手，拦腰将我抱住，其前胸紧贴我后背，且头部前探，下颌置于我右侧肩头位置（图4-2-79）。

图4-2-79　　　　　　　图4-2-80

(2) 我迅速向后仰身，双腿膝盖略微弯曲，刻意将右侧肩头抵住对方下

157

颌。同时双臂向后、向上扬起，然后屈肘，用双手扳抱住对方后脑勺，锁定其头颈（图4-2-80）。

（3）旋即，在牢牢控制住对方头部的前提下，身体突然向前、向下俯身、弯腰，如鞠躬一般。双手一并用力向前下方扳拉敌人头部，同时臀部配合朝后上方撅起，周身协调动作，瞬间可将对方由背后投摔至身体前方（图4-2-81至图4-2-83）。

图4-2-81

图4-2-82

图4-2-83

图4-2-84

（4）进一步，可以在敌人摔倒后，针对其头部实施打击（图4-2-84）。

技术要领

★上体后仰、双手向后扳抱对方头部时，双腿之所以要略微弯曲，目的是确保自己右侧肩头可以顺利抵顶住对方的下颌。在背摔敌人之前，一定要先行将右肩头抵住对方下颌，形成一个支点。

★俯身弯腰实施过背摔时，双腿要用力蹬地，以助发力。上下肢动作要配合协调，一气呵成。

第四章 针对熊抱的防御技术

N 抱腿掬投

▶【动作说明】

（1）敌人由身后对我发动袭击，突然伸出双手，将我连同双臂一并环抱住（图4-2-85）。

（2）我左脚迅速向左移动一步，身体重心左移，然后身体略右转，右脚随之抬起，由对方身前绕过其左腿、向右落步至其身后，右侧腰髋贴近对方左侧腰髋，上体旋即前俯，双臂前探（图4-2-86、图4-2-87）。

图4-2-85

图4-2-86

图4-2-87

图4-2-88

（3）旋即，双腿屈膝下蹲，俯身将双手分别插至对方双大腿后侧膝窝位置（图4-2-88）。

（4）抄抱其双腿，然后我双腿蹬地、挺身，上体后仰，双臂同时发力，将对方提抱而起，令其身躯悬离地面（图4-2-89）。

（5）继而，我上体猛然右转，将敌人抛至我身体右后方，令其重摔于地（图4-2-90、图4-2-91）。

159

图4-2-89

图4-2-90

图4-2-91

技术要领

★抱腿掬投（Scooping Throw）在日本柔道中叫作"肩斗摔"，肩斗是一种灌田汲水用的旧式农具，肩斗摔顾名思义就是像倒置肩斗那样抱住对方双腿向上提掀，令其因上下颠倒、重心崩溃而跌倒的一种摔法。掬，双手捧起的意思。

★实施动作时，脚步移动的速度要快，灵活敏捷。双手抄抱的位置要准确。随后的挺身提抱，要充分利用腰部的力量。

⓪ 舍身跌摔挣脱熊抱

【动作说明】

（1）敌人由身后对我发动袭击，突然伸出双手，将我连同双臂一并环抱住（图4-2-92）。

（2）我迅速双腿屈膝下蹲，身体重心下沉，臀部抵顶住对方腰髋位置，同时双臂向后伸展，用双手搂托住对方臀部两侧（图4-2-93）。

（3）动作不停，上体向前俯身弯腰，双脚蹬地，臀部骤然向后上方撅起，双手用力向上提抱对方臀部，令其双脚离地，将其悬空背起（图4-2-94）。

图4-2-92　　　　　图4-2-93　　　　　图4-2-94

（4）旋即，在背起对方的基础上，右脚向右前方上步，身体猛然左转（图4-2-95）。

（5）动作不停，左脚向左后方撤步，身体继续左转，同时上体后仰，将对方朝身体后方抛下，令其仰面摔倒，后背着地。我则与之一并向后仰摔，倒地瞬间以后背重重砸靠对方的胸膛（图4-2-96、图4-2-97）。

图4-2-95　　　　　图4-2-96

图4-2-97　　　　　图4-2-98

（6）旋即，就地翻滚，挣脱对方的束缚，并抢占地面优势位置（图4-2-98）。

技术要领

★ 这种利用自身跌倒来摔倒敌人的手段，在柔道中被称之为"舍身技"，在向后摔倒时，一定要用后背挤靠对方的胸膛，这样不仅可以给其内脏造成创伤，而且也可以避免自身损伤。

★ 转身动作要快，脚步配合协调，移动灵活。

P 别腿外卷摔

【动作说明】

（1）敌人由身后对我发动袭击，突然伸出双手，将我连同双臂一并环抱住（图4-2-99）。

图4-2-99

图4-2-100

图4-2-101

（2）我将左脚略向右移动半步，同时屈肘抬起双臂，试图挣脱对方的束缚，将其注意力全部吸引到上肢来（图4-2-100）。

（3）旋即，在双手扳住对方双手的前提下，右脚向右侧跨出一大步，以前脚掌着地，右腿内旋、横别住对方的右腿。同时，身体猛然大幅度左转，身体重心随着转动而降低、并向右侧倾斜、翻滚身躯，主动以身体右侧跌向地面。

第四章 针对熊抱的防御技术

周身协调动作，在右腿别住对方右腿的前提下，利用身体在纵轴上的逆时针旋转，瞬间将对方由自己的腰背一侧卷翻至身体另一侧，令其仰面滚落于地（图4-2-101至图4-2-103）。

图4-2-102

图4-2-103

（4）倒地后，身体就地向左侧翻滚，成功挣脱对方双臂控制后，右腿跨过对方的身躯，骑乘于其身上，抢占地面战斗的优势位置（图4-2-104、图4-2-105）。

图4-2-104

图4-2-105

技术要领

★这种利用腰背向外转卷的力量，顺势将对方自我方身上滚落在地的方法，在柔道中称之为"外卷入"，桑搏中叫做"外卷摔"。

★右腿一定要牢牢横别住对方右腿，这点非常重要，这是成功实施卷摔的关键，同时要与身体的转动配合协调。

★卷动时，身体重心要向右下方沉落，动作突然、迅猛，要充分利用身体滚动的卷拧力量带动对方身躯一并翻滚。

★转体的幅度尽量要大一些，摔倒时不要用手掌着地，否则容易导致手臂挫伤。尽量让敌人的身躯先着地，在给对方造成创伤的同时，也缓解了自己身体着地时产生的冲撞力。

第五章

针对抓扯头发的防御技术

实战中,头发被抓扯的情况,可能来自于身体的正面、侧面和背面三个方向。

一般情况下,头发被抓住后,对方都会用力进行拖拽、拉扯。对方抓扯你的头发主要是两种意图,其一是要将你拖倒在地;另外一个目的就是抓住你的头发后,实施进一步的打击,比如最常见的也是最凶险的攻击方式就是用膝盖攻击你。

头发被抓,尤其对于女性,是一件非常痛苦的事情,而且头部被对方牵制,也会严重影响你的视线,无法正确判断对方的攻击意图。如果不及时摆脱,你就会始终处于被动挨打的局面。

第五章　针对抓扯头发的防御技术

第一节
针对正面抓扯头发的防御方法

正面被抓扯头发在街头打斗中是非常多见的情况，不存在犯规的问题，在实用至上的战场上也一样，敌人并不会认为这种行为是可耻的，只要能够取得胜利，可以不择手段。从职业角度来讲，这也是为什么军警人员基本上不允许蓄长发的原因之一。

实战中，头发被正面抓扯，虽然是件比较不愉快的事情，但是也并非无药可解。以色列格斗术教官告诫我们：首先，要保持沉着、冷静，正确判断局势，因势制宜；然后，果断及时地采取避实击虚、借势打势的策略实施反击，最终可以巧妙摆脱困局。

当然，成功摆脱困境的前提是，你必须下功夫熟练掌握KRAV MAGA针对抓扯头发的防御与脱解基本格斗技术。

A 扣手撅腕→踢头反击

【动作说明】

（1）敌我双方交手，敌人由正面突然伸出右手自上而下抓住我的头发，并用力向下、向后拉扯（图5-1-1）。

（2）此时我迅速用双手由上而下扣抓住对方右手背部，将其牢牢扣压在头顶，以化解其拉扯之力（图5-1-2）。

图5-1-1

图5-1-2

(3) 同时，上体前倾，快速低头，重心向前下方移动，大幅度弯腰的同时用头顶和双手协同作用来撅别对方右手腕关节（图5-1-3）。

图5-1-3

(4) 动作不停，右脚向后撤步，双手扣住对方右手一并向后牵扯，迫使其失去重心平衡，被动向前扑倒在地（图5-1-4）。

图5-1-4　　　　　　　　图5-1-5

(5) 继而，我身体重心提起，飞起右脚猛踢对方头部，予以重创（图5-1-5）。

第五章　针对抓扯头发的防御技术

技术要领

★ 本势用来对付敌人正面抓发，颇具效力，即使对方力大腕粗，也能克敌制胜。抓握对方右手时，要注意是以两手的小指外侧为力点扣住其右手腕关节，并使其右手紧紧贴按于自己头顶。

★ 撅腕时，身体一定要前俯、弯腰、送头，才能针对其手腕产生巨大的压力。上肢与头部动作要配合协调，整体发力，一触即发。

B 扣手撅腕→踢裆降服

【动作说明】

（1）敌我双方正面冲突，敌人突然伸出右手自上而下抓住我的头发，并用力向下、向后拉扯（图5-1-6）。

图5-1-6

图5-1-7

（2）我迅速抬起双臂，双手由上而下扣抓住对方右手背部，将其牢牢扣压在头顶，以缓解其拉扯力量（图5-1-7）。

（3）旋即，右脚向后撤退一步，俯身、弯腰、低头，在双手扣紧对方双手的前提下，以头顶用力抵顶对方右手，从而针对其右手腕关节形成撅伤（图5-

1-8)。

图5-1-8　　　　　　　　　图5-1-9

（4）如果对方仍不放松右手，我可以用右脚连续踢击其裆部，予以重创（图5-1-9）。

（5）紧接着，在敌人右手松懈的一刹那，右脚向右后方落步，身体略右转，双手攥紧对方右手将其由我头顶扯下，并沿顺时针方向翻拧，令其因手臂各关节疼痛难忍而被迫俯身（图5-1-10）。

图5-1-10　　　　　　　　　图5-1-11

（6）动作不停，身体继续右转，重心下沉，左腿屈膝跪地，右手攥紧对方右手向上提拉，左臂屈肘向下压制对方右肩胛骨外侧，迫使其彻底趴伏于地（图5-1-11）。

（7）如果你对自己的地面战斗水平有信心的话，你可以就此将战斗引

图5-1-12

第五章 针对抓扯头发的防御技术

入地面阶段（图5-1-12）。

技术要领

★这一势在脱解的手段方面基本与上势相同，区别在于逃脱对方抓扯后你的双手依然控制着对方的一条手臂，这为你进一步运用擒拿技术降服对方创造了一个非常好的时机。如果有进一步实施反击的意愿，就切莫错过战机。

★是否由站立格斗状态转入到地面打斗阶段，要根据具体情况而定，如果战斗环境复杂，不适合发挥地面水平，就应该速战速决，挣脱对方抓扯后迅速后退，与其拉开距离。

C 阻膝撩裆→连续攻击头部

【动作说明】

（1）实战中，敌人正面用右手抓扯我头发，用力向下拉拽的同时，准备飞起右膝冲顶我头部（图5-1-13）。

图5-1-13

图5-1-14

171

(2) 此时，我左脚迅速向前上步，上体前俯，降低身体重心，左臂屈肘，以小臂尺骨为力点向下抵挡对方右腿大腿位置，阻碍其抬腿攻击。同时，右臂顺势向前上方以直臂撩击对方裆部生殖器，令其产生剧痛，以迫使对方放松对我头发的抓控（图5-1-14）。

(3) 旋即，用左手拨抓对方右小臂，令其彻底放弃对我头发的抓扯，同时可以用右掌连续猛推对方左侧脸颊、腮帮（图5-1-15）。

图5-1-15

技术要领

★ 左脚向前上步的目的是为了缓解敌人对我头发抓扯的力度，不要用力向回挣脱，否则适得其反。

★ 针对其头部的连续攻击是顺势而为，可以用掌，也可以用拳头或者肘击，不必拘泥于形式。

第二节
针对侧面抓扯头发的防御方法

实战中，被敌人由侧面抓扯住头发所面临的窘境与正面遭袭基本差不多，反抗的手段也基本相似，大家在学习中要学会举一反三，触类旁通。

A 绊腿肘击

【动作说明】

（1）敌人由我身体右侧用左手抓住我的头发，用力拉扯，目的不是打算攻击我，而是要将我拉扯到某个角落里（图5-2-1）。

（2）此时，不要用力去挣脱，否则得不偿失，可以先将头向对方一侧倾斜，尽量顺应对方的拉扯之力。几乎同时，右脚快速向右侧迈进一步，落脚于对方左脚后面，用脚掌内侧别绊住对方左脚脚后跟，身体重心随之一并向右过渡，带动右臂屈肘横冲而出，以肘尖为力点猛击对方胸口。上下肢协调动作，瞬间可将对方击倒在地（图5-2-2、图5-2-3）。

图5-2-1

图5-2-2　　　　　图5-2-3

技术要领

★ 右脚启动突然，落点一定要准确，只有在将对方的下肢别绊住的基础上，肘击才能达到一击必倒的效果。

★ 如果敌人的身体格外强壮，无法一肘将其击倒，你可以连续挥舞右臂实施攻击，对方势必会撤手进行防御，自然就可以摆脱困境。

B 砍臂击头

【动作说明】

（1）敌人由我左侧用右手抓住我的头发，用力拉扯，局面对我相当不利（图5-2-4）。

图5-2-4

图5-2-5

（2）在这种情况下，我可以向一侧歪头、俯身，尽量顺应对方右手的拉力，不要强硬挣脱（图5-2-5）。

（3）在俯身的瞬间，我身体左转，猛然抬起左臂向左上方挥摆，以左掌掌刃为力点拨砍对方右臂内侧，迫使其放松对我头发的抓扯。几乎同时，可以挥舞右拳猛击对方头部、下颌（图5-2-6、图5-2-7）。

第五章 针对抓扯头发的防御技术

图5-2-6

图5-2-7

技术要领

★ 我歪头俯身，使上体尽量靠近对方，可以有效地缓解对方的拉扯力量。

★ 整体动作要连贯协调，先顺应，然后猝然反击，左手的动作一定要出其不意，令其猝不及防，才能收到最佳效果。

C 阻膝撩裆→砍臂击头

【动作说明】

（1）敌人由我左侧逼近，突然伸出右手抓住我的头发，用力拉扯，并准备抬起右腿，以右膝对我实施顶撞攻击（图5-2-8）。

（2）此时，我应迅速向左转身，双腿下蹲，降低身体重心，上体前俯，左臂屈肘，以小臂尺骨为力点向下抵挡对方右腿大腿位置，阻碍其抬腿攻击。同时，右臂顺势向前上方以直臂撩击对

图5-2-8

方裆部生殖器，令其产生剧痛，以迫使对方放松对我头发的抓扯（图5-2-9）。

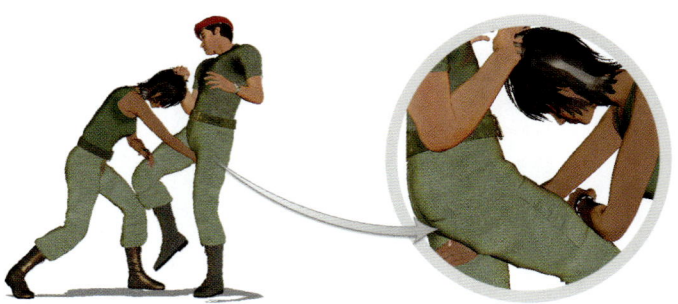

图5-2-9

（3）动作不停，乘胜追击，我身体重心略上提，左臂猛然向左上方挥摆，以左掌掌刃为力点拨砍对方右手腕部，令其彻底放弃对我头发的抓扯，同时可以用右拳攻击对方头部（图5-2-10）。

图5-2-10

技术要领

★当头发已经被对方牢牢抓住后，不要用力向回挣脱，那样做不会有任何效果，反而会产生剧痛。正确的应对方式是，顺着对方的力量移动，尽量将头部靠近对方，然后寻机反抗。

★右手攻击对方裆部与左手向外的拨砍动作要连贯，出其不意，才能顺利地逃脱对方的控制。

第三节
针对背后抓扯头发的防御方法

背后遭到抓扯头发的攻击，多见于女性留长发者，尤其是梳马尾辫的女士，极易被对方拽住"尾巴"。一旦"尾巴"被敌人控制住，便会出现牵一发而全身受制的被动局面。而且背后遭袭，在反击上也存在一定的困难，因此，在实战中首先要尽量避免被敌人由身后抓住头发。

  拨臂撩裆→连续攻击头部

【动作说明】

（1）敌人由背后跟踪我，突然抢步逼近，伸出左手抓住我的发辫，用力拉扯（图5-3-1）。

图5-3-1　　　　　　　　　　图5-3-2

（2）当感觉到发辫被抓住的瞬间，不要用力抗拒，右脚向右后方退步，身体顺势右后转，使头部尽量顺应对方拉扯的力量，以缓解疼痛（图5-3-2）。

（3）动作不停，身体继续右转，右手用力向外拨挂对方左臂；同时，左臂向前上方以直臂撩击对方裆部生殖器，予以重创（图5-3-3）。

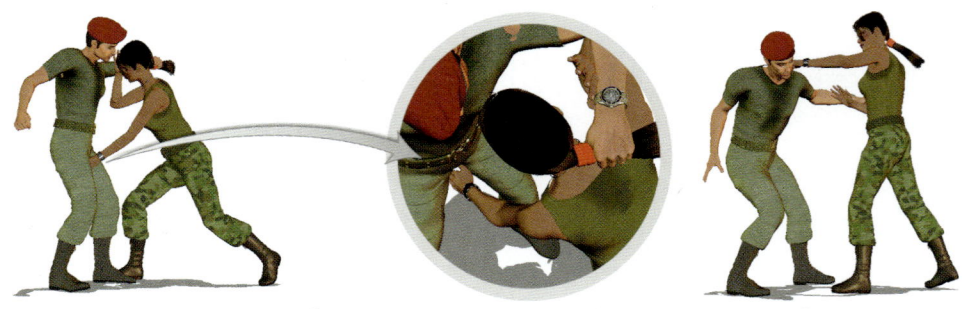

图5-3-3　　　　　　　　　　图5-3-4

（4）进一步，当对方放松对我发辫抓扯的时候，可以用左拳连续攻击对方头部（图5-3-4）。

技术要领

★当发辫被抓扯的时候，不要使用蛮力挣脱。头部可以随对方的拉扯移动，其灵活性相较于短发宽泛得多。

★转身动作与反击动作要连贯、协调、突然、凶狠。

B 阻膝撩裆→砍腕击头

【动作说明】

（1）敌人于身后跟踪我，突然抢步逼近，伸出左手抓住我的发辫，用力拉扯（图5-3-5）。

（2）当感觉到发辫被抓住的一刹那，不要用力抗拒，而应迅速向左后方转动身体，使头部尽量顺应对方拉扯的力量，以缓解疼痛（图5-3-6）。

（3）此时，如果对方打算抬起左腿以膝盖发动

图5-3-5

攻击，我可以将左脚向身体左后方撤步，令身躯大幅度翻转过来，上体前俯，臀部后翘。同时，左臂屈肘，以小臂尺骨为力点向下抵挡对方左腿大腿位置，阻碍其抬腿攻击（图5-3-7）。

图5-3-6

图5-3-7

（4）动作不停，右臂顺势向前上方以直臂撩击对方裆部生殖器，令其产生剧痛（图5-3-8）。

图5-3-8

图5-3-9

（5）旋即，我身体重心略上提，左臂猛然向左上方挥摆，以左掌掌刃为力点拨砍对方左手腕部，令其彻底放弃对我头发的抓控；同时，可以用右摆拳或直拳攻击对方头部（图5-3-9）。

技术要领

★ 转身的速度要快，左脚背步后撤要敏捷灵活，身躯的翻转要突然，令对方猝不及防。

★ 身体翻转过来后，必须俯身翘臀，这样可以更加有效地躲避对方左膝的攻击动作。

★ 左小臂向下抵挡对方左腿的位置一定要准确，应该是大腿部位，而非膝盖位置，这点必须注意。

第六章

针对抓扯手腕或手臂的防御技术

在现实的争斗中，抓扯手腕或者手臂是平常人的本能反应，其目的一般都是要通过用力拉扯拖拽来破坏你的身体重心平衡，或者是为了将你拖拽到一个更加危险的环境中，比如空旷的房间、黑暗的小巷、卡车里面等，对你实施劫持和绑架。

另外，腕关节是手臂的主要关节，处于整个上肢运动链的游离端，在实施攻击动作时，拳、掌、指的运用都是通过腕关节来实现的。因此，如果手腕一旦被对方抓住，你的技术动作就受到局限，很难发动有效的攻击，必须立即摆脱对方的控制。

针对方腕与手臂的抓扯一般有这样几种方式：单手同侧抓握、单手对侧抓握、双手合抓单臂、双手抓握双腕、背后抓扯双腕、侧面拉扯手臂、背后拉扯手臂等。

本章将针对这些抓扯方式的脱解与反击方法进行详细的介绍。

第六章　针对抓扯手腕或手臂的防御技术

第一节
单手抓扯同侧手腕或手臂的防御方法

单手抓扯同侧手腕或手臂，即对方用左手抓扯你右侧手腕、手臂（图6-1-1），或者其用右手抓扯你左侧手腕、手臂（图6-1-2）。一般情况下，敌人抓扯住你的一条手臂后，往往会在掌握主动权的同时挥舞另一条手臂发动攻击。对你来说，这是非常不利的情况，一条手臂受到牵制，不仅很难发动有效的攻击，而且防御能力也将大打折扣。

图6-1-1　　　　　图6-1-2

（提示：以下介绍的单手抓扯同侧手腕或手臂的脱解与反击方法，多数是以敌人左手抓扯我右侧手腕、手臂为例进行讲解的，另一侧的技术与其相同，唯方向相反，以此类推即可。）

A　屈肘脱腕→砍头反击

【动作说明】

（1）敌人由正面用左手抓住我右手腕部，虎口向上，用力拉扯（图6-1-3）。

（2）我借助对方拉扯之力，顺势抬起左臂，以左手指尖猛戳敌人眼睛（图

6-1-4)。

图6-1-3

图6-1-4

（3）左手攻击动作结束瞬间，我迅速弯曲右臂肘关节，小臂沿水平方向内收（图6-1-5）。

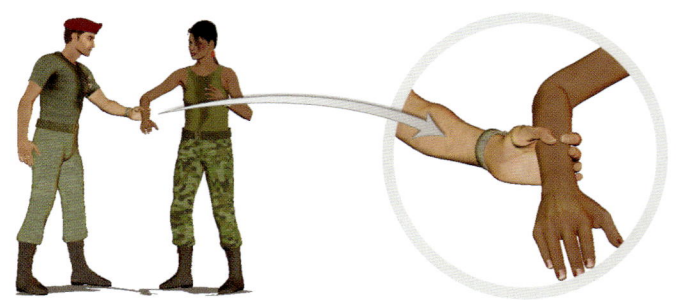

图6-1-5

（4）当右臂肘尖即将触及对方左臂的一刹那，身体猛然向左拧转，右肘关节瞬间收紧，以小臂尺骨一侧为力点向外挤别对方左手虎口位置，迫使其放松对我右手腕的抓握，从而顺利挣脱出来（图6-1-6）。

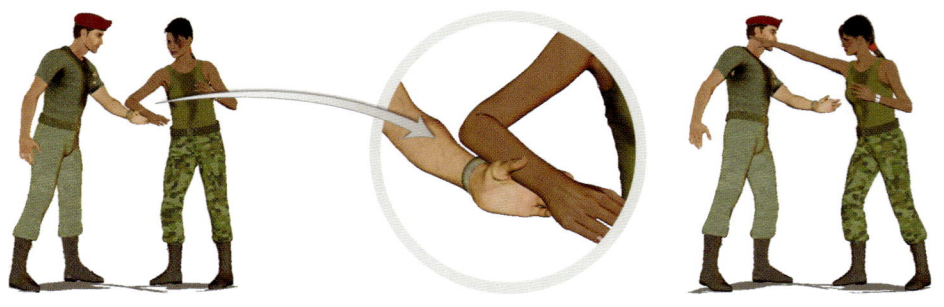

图6-1-6　　　　　　　　　　图6-1-7

(5) 旋即，在手腕挣脱后，身体再突然右转，挥舞右臂，自左向右抢摆，以右手掌刃为力点袭击对方头颈部（图6-1-7）。

技术要领

★这种挣脱方法主要是利用小臂尺骨的坚硬部位挤压对方虎口的脆弱部位，瞬间屈肘，可以迅速挣脱对方的控制。动作实施过程中，强调身体转动的配合协调，速度要快。

★在挥舞手臂实施进一步打击时，也要利用身体的转动来带动右手臂出击。

B 顺时针翻腕脱解

【动作说明】

（1）敌人由我身体左侧用右手抓住我左手腕部，虎口向下，用力拉扯（图6-1-8）。

图6-1-8

图6-1-9

（2）我身体略左转，左手与左小臂随之向左外侧摆动，掌心朝下（图6-1-9）。

(3) 继而，左臂屈肘，左手与左小臂迅速向上、向右按顺时针方向摆动，利用杠杆原理，翻别对方右手，迫使其放松对我手腕的抓握，从而顺利挣脱出来（图6-1-10、图6-1-11）。

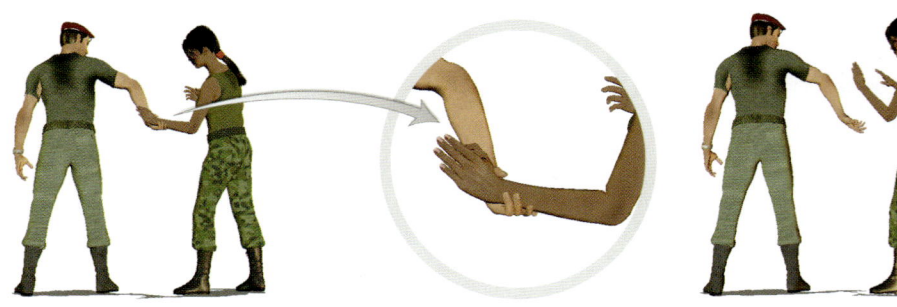

图6-1-10　　　　　　　　　　　　　图6-1-11

技术要领

★ 左手小臂的摆动与翻转动作要快，瞬间完成，一蹴而就。

★ 手臂挣脱束缚后，要有意识地向后移动脚步，拉开与敌人之间的距离。

C 退步屈肘脱腕→扫肘反击

【动作说明】

（1）敌人由正面用左手抓住我右手腕部，虎口向上，用力向后拉扯（图6-1-12）。

（2）我借助对方向后拉扯的力量，顺势向前移动身体重心，右腿随之抬起、向

图6-1-12　　　　　　　图6-1-13

前摆动,以右脚踢击对方右腿膝关节内侧(图6-1-13)。

(3)旋即,右脚快速向身后回荡、落步,身体重心骤然大幅度后移(图6-1-14)。

图6-1-14　　　　　　　　　图6-1-15

(4)在右脚落步站稳的一刹那,身体右转,右臂外旋,用力向上屈肘,肘关节瞬间收紧,以小臂尺骨一侧为力点向下挤别对方左手虎口位置,迫使其放松对我右手腕的抓握,从而顺利挣脱出来(图6-1-15)。

(5)紧接着,在右臂成功脱解后,右脚向后蹬地,推动身体重心再向前过渡,上体骤然左转,带动右臂屈肘横扫而出,以肘尖为力点攻击对方头部左侧(图6-1-16)。

图6-1-16　　　　　　　　　图6-1-17

(6)动作不停,上体再猛然右转,带动左臂屈肘横扫敌人头部右侧(图6-1-17)。

技术要领

★ 右脚前踢的动作要借助对方向后拉扯的力量顺势而为，踢击的力度也不必过大，目的主要是袭扰，将对方的注意力吸引过去即可。

★ 向后落步的幅度要大，尽量拉开与对方的距离，使右臂的挣脱更容易、更轻松。

★ 随后的连续肘击，要充分利用腰身的转动来释放打击力量。

D 退步屈肘脱腕→冲膝撞肘

【动作说明】

（1）敌人由正面用左手抓住我右手腕部，虎口向上，而且抓握力量很大（图6-1-18）。

（2）我迅速右转身，右脚向后移动一步。同时右臂外旋，用力向上屈肘，以小臂尺骨一侧为力点向下挤别对方左手虎口位置，迫使其放松对我右手腕的抓握（图6-1-19）。

（3）几乎同时，在右腕挣脱对方抓握的瞬间，我左手顺势抓握住对方左手手腕，向怀中拉扯，令其手臂伸直。继而，右臂向前快速穿出，以右手指尖为力点戳击敌人咽喉部位

图6-1-18

图6-1-19

图6-1-20

图6-1-21

第六章　针对抓扯手腕或手臂的防御技术

（图6-1-20、图6-1-21）。

（4）紧接着，右臂屈肘内旋，右手扣按住对方左侧肩头，左手拉紧其左手腕，并用力将其翻拧成肘窝朝上状态。同时，身体重心向前过渡，右腿随之屈膝向前上方提起，以大腿接近膝盖部位冲撞其左臂肘关节外侧，予以创伤（图6-1-22）。

图6-1-22

【技术要领】

★右臂屈肘回撤时，左手即可迎上去抓握对方的左手腕，这样左手向外推抓，右手向里回收，交错用力，可以轻松摆脱对方的控制。

★右腿提膝上冲时，一定要先将对方的手臂拧转为肘窝向上的状态，这样才能对其肘关节形成反关节的伤害。右腿上冲的同时，左手要用力向下按压敌人左手腕，以提高反关节创伤的程度。

E 屈肘砍腕逃脱→摆肘反击

【动作说明】

（1）敌人由正面用左手抓住我右手腕部，虎口向上（图6-1-23）。

（2）我迅速右转身，右脚向后移动一步，右臂外旋，用力向上屈肘，以

图6-1-23

图6-1-24

189

小臂尺骨一侧为力点向下挤别对方左手虎口位置，迫使其放松对我右手腕的抓握。同时，左臂高高扬起，左手成掌（图6-1-24）。

（3）动作不停，左掌自上而下用力挥砍，以掌刃为力点砍击敌人左手腕内侧，迫使其彻底放松对我手腕的控制，同时也会令其腕关节造成伤痛（图6-1-25）。

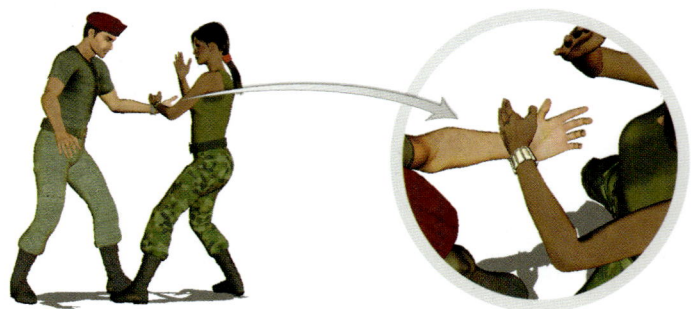

图6-1-25

（4）旋即，在左掌砍击对方左腕之后，可以顺势翻腕向下扣按其腕部。同时，右脚向后蹬地，推动身体重心向前过渡，上体骤然左转，带动右臂屈肘横摆而出，以肘尖为力点攻击对方头部左侧（图6-1-26）。

图6-1-26

技术要领

★右臂屈肘回收的一刹那，就要用左掌快速下砍对方的腕关节，这样可以瞬间摆脱对方的控制。

★随后的反击动作要自然而然的出击，令敌人防不胜防。

第六章　针对抓扯手腕或手臂的防御技术

背步屈肘脱腕→后扫肘反击

▶【动作说明】

（1）敌人由正面用左手抓住我右手腕部，虎口向上，并用力向后拉扯（图6-1-27）。

（2）在对方左脚向后撤步、对我使劲进行拖拽时，我右脚可以向前移动一步，以缓解其拉扯的力量（图6-1-28）。

图6-1-27

图6-1-28

（3）旋即，左脚朝身体左后方沿弧形路线移动一步，身体猛然左转，带动右臂在水平方向上屈肘回收，肘关节瞬间收紧，以小臂尺骨一侧为力点向外挤别对方左手虎口位置，迫使其放松对我右手腕的抓握，从而顺利挣脱出来（图6-1-29）。

图6-1-29

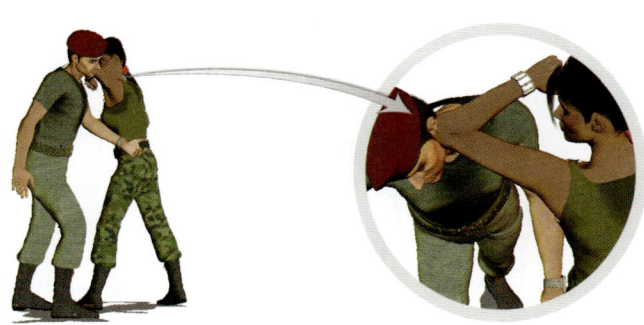

图6-1-30

191

（4）动作不停，在右臂成功逃脱之后，身体继续左转，带动左臂屈肘朝身体左后方摆扫，以肘尖为力点扫袭敌人头部左侧，予以反击（图6-1-30）。

技术要领

★左脚向身体左后方沿弧形路线摆动，格斗术语称之为"背步"，脚步移动的幅度要恰当，要配合身体的转动一并完成，否则容易导致身体重心失衡。

★右臂的逃脱以及左肘的反击，都是在身体快速旋转的状态下来进行的，要充分利用身体转动所产生的动能来完成动作。身体转动的速度不仅要快，而且要注意保持重心的稳定。

G 转身屈肘脱腕→抓腕后扫肘

【动作说明】

（1）敌人由正面用左手抓住我右手腕部，虎口向上，并用力向后拉扯（图6-1-31）。

图6-1-31

图6-1-32

（2）我迅速向左转动身体，左脚朝身体左后方摆动一步，带动右臂在水平

第六章 针对抓扯手腕或手臂的防御技术

方向上屈肘回收，肘关节瞬间收紧，以小臂尺骨一侧为力点向外挤别对方左手虎口位置，迫使其放松对我右手腕的抓握（图6-1-32、图6-1-33）。

图6-1-33

图6-1-34

图6-1-35

（3）在右臂成功摆脱对方控制的一刹那，左手顺势刁抓住对方左手手腕（图6-1-34）。

（4）动作不停，身体再猛然向右侧转动，带动右臂屈肘朝右后上方摆扫，以肘尖为力点扫袭敌人下颌，予以强力反击（图6-1-35）。

技术要领

★整个动作过程中，要注意身体转动的变换要灵活、自然，先左后右，有条不紊。

★右肘实施攻击前，一定要先用左手牵制住对方左臂，防止其抬手格挡。

第二节
单手抓扯异侧手腕或手臂的防御方法

单手抓扯异侧手腕或手臂，也可以称之为交叉位抓扯，即双方面对面站立时，对方用左手抓扯你左侧手腕、手臂（图6-2-1），或者其用右手抓扯你右侧手腕、手臂（图6-2-2），彼此手臂于身前形成交叉状态。后者较为常见，因为大家多是右侧手臂为有力手臂。

图6-2-1

图6-2-2

A 扣腕摆肘逃脱

【动作说明】

（1）敌人由正面用左手抓住我左手腕部，虎口朝前，用力向后拉扯（图6-2-3）。

（2）我迅速向左转动身体，右脚随之向对方左脚后方上步，并用右手自上而下扣抓住对方左手腕部，同时左臂屈肘外旋（图6-2-4）。

图6-2-3

第六章 针对抓扯手腕或手臂的防御技术

图6-2-4　　　　　　　　　　　　图6-2-5

（3）动作不停，右手用力向下扣压对方左手手腕，身体继续左转，左小臂沿水平方向使劲向左侧摆动，以小臂尺骨一侧为力点挤别对方左手虎口位置，迫使其放松对我手腕的抓握，从而瞬间挣脱对方的控制（图6-2-5）。

技术要领

★右手扣抓对方左腕要牢固有力，与左臂的挣脱动作遥相呼应，交错发力。

★左臂挣脱动作要充分借助身体转动的动势，利用小臂尺骨的坚硬部位挤压对方虎口的脆弱部位，瞬间屈肘平摆，速度要快。

B 屈肘脱腕→戳眼反击

【动作说明】

（1）敌人由正面用右手抓住我右手腕部，虎口朝前，用力向后拉扯（图6-2-6）。

（2）我右臂立即屈肘内旋，抬起右手，猛然将右臂肘关节收紧，以小臂尺骨一侧为力点向下挤别对方右手虎口位置，迫使其放松对我右手腕的抓握，以便

图6-2-6

顺利挣脱出来（图6-2-7）。

图6-2-7

图6-2-8

（3）旋即，身体重心前移，右臂快速前冲，以右手指尖为力点戳击对方眼睛，予以还击（图6-2-8）。

技术要领

★右臂屈肘时一定要内旋，瞬间向上抬起、夹紧，猝然发力才可以顺利逃脱。

★反击动作要突然，出其不意，手臂稍一挣脱，即实施反击。

C 踢腿砍腕逃脱→摆掌反击

【动作说明】

（1）敌人由正面用右手抓住我右手腕部，虎口朝前（图6-2-9）。

（2）此刻我右臂用力向右后方抽脱，并抬起右腿快速向前摆荡，以右脚袭击对方左腿膝关节内侧。

图6-2-9

图6-2-10

同时，左手成掌，朝身体右上方挥舞，蓄势待发（图6-2-10）。

（3）动作不停，身体重心骤然向右移动，右脚朝身体右侧落步。同时，左臂用力向左下方挥摆，以左掌掌刃为力点劈砍敌人右手手腕，迫使其放松对我的抓控（图6-2-11至图6-2-13）。

图6-2-11　　　　　　　　　　　　　　图6-2-12

（4）紧接着，在右手成功摆脱对方控制的瞬间，身体猛然左转，带动右臂自右向左横摆而出，以右手拇指一侧为力点击打对方太阳穴（图6-2-14）。

图6-2-13　　　　　　　　　　　　　　图6-2-14

技术要领

★身体重心向右侧移动的速度要快、幅度要大，右脚落步的瞬间，身体重心随之下沉，要利用大幅度的肢体动作来挣脱对方的控制。

★左掌劈砍对方右手腕部时，右手要配合劈砍动作用力向右侧挣脱，两手交错用力，才能达到预期效果。

★整个动作过程中，右臂尽量保持伸直，不要屈肘。

D 膝抵脱腕→砍掌摆肘反击

【动作说明】

（1）敌人由正面用右手抓住我右手腕部，虎口朝前（图6-2-15）。

图6-2-15

图6-2-16

（2）此时，我右脚向右外侧移动一小步，双腿略微弯曲，使重心下沉。右臂随之向右下方引领对方右臂，诱使对方俯身、放低姿态（图6-2-16）。

（3）旋即，我左脚蹬地，左腿屈膝抬起，以膝盖和胫骨上端位置抵跪住对方右手腕部，并用力向前下方跪压，迫使其放松对我右臂的抓控（图6-2-17）。

图6-2-17

（4）在利用左腿膝盖的跪抵力量逼迫对方右手松开我右臂的一瞬间，我左腿顺势向前挺膝伸展，以左脚袭击对方左腿膝关节内侧，可以有效地破坏对方的身体平衡（图6-2-18）。

图6-2-18　　　　　　　　　图6-2-19

（5）左脚的攻击动作无论成功与否，都要迅速落地、站稳，上体随即向右侧拧转，带动左臂朝身体右侧摆动（图6-2-19）。

（6）然后，上体再猛然左转，利用腰髋转动所产生的动势，带动左臂自右向左挥舞，以左掌掌刃为力点横砍敌人头部左侧，予以反击（图6-2-20）。

图6-2-20　　　　　　　　　图6-2-21

（7）动作不停，身体继续左转，右脚蹬地，推动身体重心向前过渡。同时右臂屈肘，借助转体之势横摆而出，以肘尖为力点再次袭击敌人下颌（图6-2-21）。

技术要领

★ 膝抵这种逃脱手段，在形式上类似于用手掌劈砍对方的手腕，所以以色列人也将其称之为"Knee Chop"。在左腿膝关节向下跪抵时，动作要脆快，如刀砍斧跺一般。

★ 身体重心下沉、右臂向下引领对方右臂的目的，是迫使对方右手位置降低，为左腿的跪抵动作奠定基础。假设对方右手位置过高，会令我左腿抬起的幅度随之增高，就很难达到抵跪的效果，同时也会造成我身体重心的不稳定。

★ 左脚落步后，身体之所以要先向右侧转动，是为了带动左臂向右摆动，为随后的挥舞劈砍创造一定的空间和距离，也是为随后的打击动作蓄积力量。

★ 左掌与右肘的反击动作，都是在身体的快速转动过程中完成的，要充分利用腰髋转动所产生的动能来实施打击、释放力量。

E 切腕脱解→拿腕踢击

【动作说明】

（1）敌人由正面用右手抓住我右手腕部，虎口朝前（图6-2-22）。

（2）我右臂略微内旋，并向右侧摆动、牵引，迫使对方右臂伸直（图6-2-23）。

图6-2-22

图6-2-23

第六章 针对抓扯手腕或手臂的防御技术

（3）旋即，右臂屈肘，右手向左、向上、再向右上方沿顺时针方向绕动翻转，右掌坐腕立掌，指尖向上，以掌刃抵压住对方右手腕下方，对其腕关节形成一定的压力，可迫使其放松控制（图6-2-24）。

图6-2-24

（4）动作不停，右臂继续向右侧翻转，右手在解脱出来后，顺势刁抓住对方右手腕部（图6-2-25、图6-2-26）。

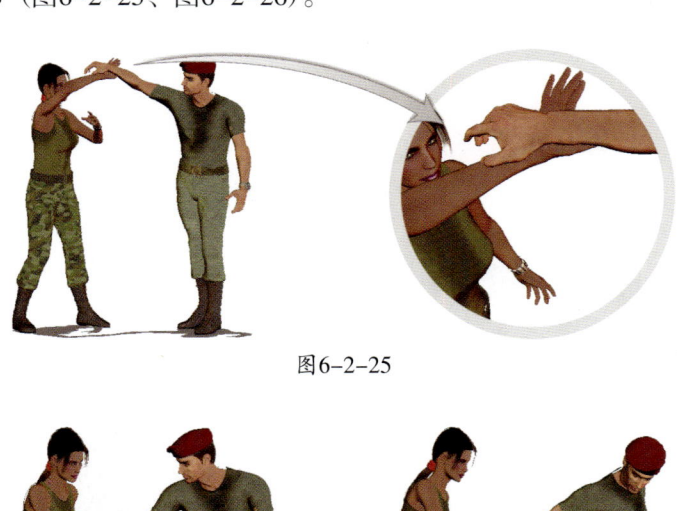

图6-2-25

图6-2-26

图6-2-27

（5）控制住对方右腕后，右手继续沿顺时针方向旋拧，令对方右手掌心向上，身体被迫左转，背向于我（图6-2-27）。

（6）动作不停，我右手攥紧对方右腕，向上提拉，令其右手高与我胸齐。然后我左手自下而上扣抓住其右手手背，并用力向前推挤，可令其腕关节超出内屈范围、产生剧痛。为了缓解疼痛，对方会不由自主地俯身下蹲（图6-2-28、图6-2-29）。

图6-2-28

图6-2-29

（7）继而，在敌人身体重心降低的一刻，飞起右脚踢击对方的头部或者裆部（图6-2-30、图6-2-31）。

图6-2-30

第六章　针对抓扯手腕或手臂的防御技术

图6-2-31　　　　　　　　　　图6-2-32

（8）进一步，可以在牢牢控制住敌人右腕的前提下，向后移动脚步，将其拖倒在地。然后在其趴伏地面无法反抗的时候，再用右脚狠狠踩踏其头部（图6-2-32至图6-2-34）。

图6-2-33　　　　　　　　　　图6-2-34

技术要领

★右臂在沿顺时针方向翻转时，右掌刃一定要切压住对方右手腕下方位置，这样才能利用杠杆原理针对其腕关节形成压痛。摆脱对方控制后，顺势翻腕实施反控制。其实，这就是我们中国传统擒拿术中的"金丝缠腕"。

★右手拿住对方右腕，左手推挤其手背时，尽量令其右臂与身体垂直。

★随后跟进的一系列踢击动作，要连贯、凶狠，令其措手不及，招架不迭。

第三节
双手抓扯单侧手腕或手臂的防御方法

实战中，敌人用双手抓扯你一条手臂的目的，大多是进行拖拽，由于对方双手合力作用于你单臂之上，其拖拽的力量会比较大，如果没有充分的准备，很容易被对方拽倒，或者对你手臂各关节形成脱臼一类的创伤。也有的是通过控制、翻拧单臂来实施擒拿，最终达到降服你的目的。这就要求我们在面对这种局面时，做到及时反应，果断行动，及早摆脱控制，变被动为主动。

双臂抓扯单侧手腕或手臂，可以由你身体正面（图6-3-1）、背面（图6-3-2）和侧面（图6-3-3）各个角度来实施。以色列格斗术中针对其进行防御和脱解也设计出了很多方法，比如扳拳摆脱（Fist Pull）、新月式摆脱（Crescent Escape）等，本节中将一一详细予以介绍。

图6-3-1

图6-3-2

图6-3-3

第六章　针对抓扯手腕或手臂的防御技术

袭击裆部摆脱控制

【动作说明】

（1）敌人由我身体左侧突然伸出双手同时抓握住我左手腕及小臂，并向后方拉扯（图6-3-4）。

（2）我可以顺势向左转动身体，右臂向前上方以直臂撩击对方裆部生殖器，迫使其俯身，放松对我手臂的拉扯（图6-3-5）。

图6-3-4

图6-3-5

图6-3-6

（3）继而，飞起右脚连续踢击敌人裆部，予以重创。同时，左臂用力向后抽撤，以摆脱敌人的控制（图6-3-6）。

技术要领

★ 敌人用双手拉扯我单臂时，由于其力量巨大，不要硬往回挣脱，那样很容易造成关节脱臼，应该先采取相应措施缓解对方对我拉扯的力度，然后再趁机逃脱。

★ 对敌人裆部进行袭击，打击要害，是以色列格斗术的基本特点，也是非常行之有效的摆脱控制的常用手段。实战中，出手要果断，毫不留情，平常训练中则要注意点到为止。

★ 右腿踢裆时注意左腿膝关节应略微弯曲，保持身体平衡。踢击可以是连续的，直至对方撤回双手护裆。

B 切腕脱解→拳击头部

【动作说明】

（1）实战中，敌人由身后偷袭，突然用双手抓扯住我左手腕，并用力向后拖拽（图6-3-7）。

（2）我身体立即左后转，左臂屈肘向上抬起，以缓解对方的拉扯力度（图6-3-8）。

图6-3-7

图6-3-8

第六章 针对抓扯手腕或手臂的防御技术

（3）旋即，在身体转过来之后，左小臂向左上方翻转，以左掌掌刃为力点沿逆时针方向切压对方左手手腕，迫使其双手放松对我的抓握。同时，可以用右拳连续攻击敌人头部，令其彻底松手（图6-3-9、图6-3-10）。

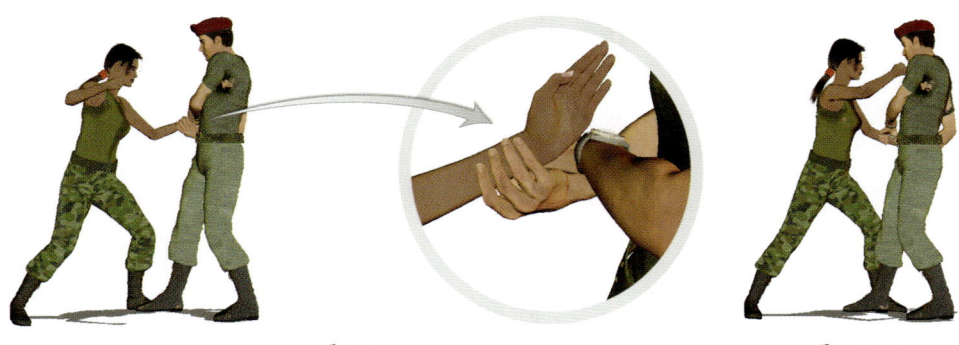

图6-3-9　　　　　　　　　　　　　　图6-3-10

技术要领

★转身速度一定要快，否则容易被对方拖倒，左掌的翻转切压动作要准确有力。

★随后的连续攻击要凶狠、霸道，令其猝不及防、防不胜防。

C 撅指屈肘逃脱

【动作说明】

（1）敌人由我正面突然伸出双手同时抓握住我右手腕及小臂，其右手在上，左手在下（图6-3-11）。

（2）我迅速用左手自上而下抠抓住对方右手大拇指，牢牢将其攥紧（图6-3-12）。

图6-3-11

207

图6-3-12

（3）旋即，在左手攥紧对方右手大拇指的前提下，左小臂外旋，左手用力向前下方掰撅其右手大拇指，令其右手被迫放开对我的抓握（图6-3-13）。

图6-3-13

（4）动作不停，身体骤然左转，右臂随之瞬间屈肘收紧，随身体转动向左侧平摆，以小臂尺骨一侧为力点向外挤别对方左手虎口位置，迫使其放松对我右手腕的抓握，从而彻底将右臂挣脱出来（图6-3-14）。

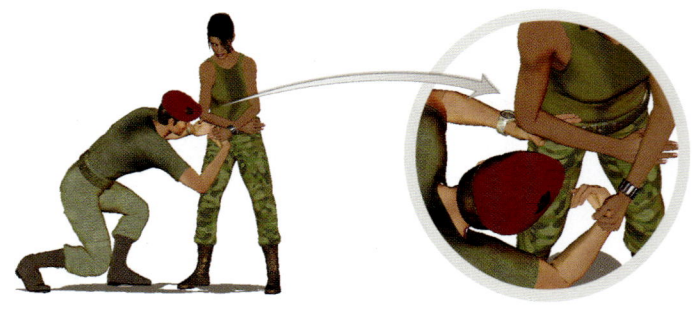

图6-3-14

第六章 针对抓扯手腕或手臂的防御技术

技术要领

★左手抠抓对方右手大拇指的动作要准确、有力，而且一旦攥住就不能放松。

★右臂的逃脱要充分借助身体转动的动势来完成。

D 内扳拳屈肘脱解

【动作说明】

（1）实战中，敌人由正面伸出双手，同时抓握住我右手腕部，双手虎口向上，并用力向后下方拉扯（图6-3-15）。

图6-3-15　　　　　　　图6-3-16

（2）我迅速顺势向前俯身，右手握拳，左手由对方两臂间穿过，向下扣抓住自己右拳拳面（图6-3-16）。

（3）动作不停，右臂屈肘，右拳向上抬起，以小臂尺骨一侧为力点向下挤别对方双手，左手配合右手动作用力向怀中拉扯，迫使其放松对我右手腕的抓握（图6-3-17）。

（4）随即，左脚向左后方快速后撤一步，身体猛然向左转动，右臂肘关节瞬间收紧，左手配合右臂动作向怀中扳拉右拳，周身协调动作，瞬间可以将右

209

腕顺利脱出（图6-3-18）。

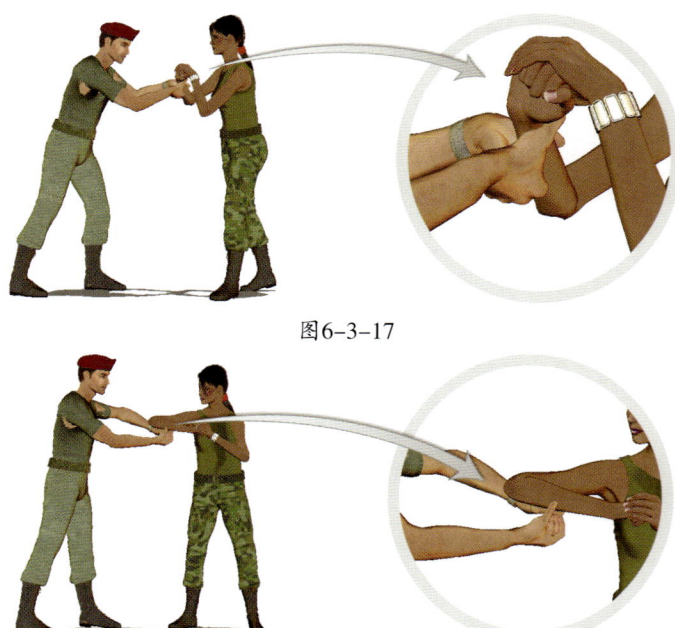

图6-3-17

图6-3-18

技术要领

★左手扣抓住自己右拳，一定要牢固，双手合力，配合身体的转动，才可以轻而易举地挣脱束缚。

★整个动作要连贯顺畅，上下肢配合协调。

E 内扳拳脱解→砍头反击

【动作说明】

（1）敌人由正面伸出双手，同时抓握住我右手腕部，双手虎口向上（图6-3-19）。

第六章　针对抓扯手腕或手臂的防御技术

（2）我迅速将身体向右侧拧转，带动左臂屈肘抬起，随身体的转动，以肘尖为力点自左向右横扫，狠狠攻击敌人头部右侧（图6-3-20）。

（3）继而，右臂外旋，令右手拳眼朝上，同时左手下落，由对方双臂间穿过，用左手扳住自己右拳拳面位置（图6-3-21）。

图6-3-19

图6-3-20

图6-3-21

图6-3-22

（4）旋即，右脚向后撤退一步，身体重心骤然后移，同时双臂屈肘，在左手扳住右拳的基础上，用力向右上方扳拉右拳，以右小臂尺骨一侧为力点向下挤别、撬压对方双手，迫使其放松对我右手腕的抓握，可以瞬间挣脱出来（图6-3-22）。

（5）进一步，可以右脚蹬地，推送身体重心再向前过渡，上体左转，扬起左臂，以左掌掌刃为力点，自右向左横砍敌人头部左侧，予以反击（图6-3-23）。

图6-3-23

211

★左肘的攻击动作，可以迫使对方向后仰头，以便随后左手下落的路线通畅。无论这一肘是否击中目标，左手都要迅速下落，抓握右拳。

★右臂向外旋转时，要注意调整其位置，令其尽量位于对方双臂之间，用我的眼睛可以看到右拳为宜，这样才便于左手穿过对方双臂来准确扳拉右拳。

★左手扳住右拳挣脱控制时，双手的运动路线应该是先向上，然后再向右上方运动，切忌直接朝上向内扳拉。否则，手臂挣脱瞬间产生的惯性会导致自己双手误击自己的面颊。

F 外扳拳脱解→摆肘反击

（1）敌人由正面伸出双手，同时抓握住我右手腕部，双手虎口向上（图6-3-24）。

图6-3-24　　　　　　　　　图6-3-25

（2）此时我右臂向外摆动，右拳立腕、外翻，使手心尽量朝下（图6-3-25）。

(3) 紧接着，我身体略微右转，左臂向右侧伸展，左手由对方双臂上方掠过，向右、向下移动，由对方左臂外侧扣抓住自己右拳拳面位置（图6-3-26）。

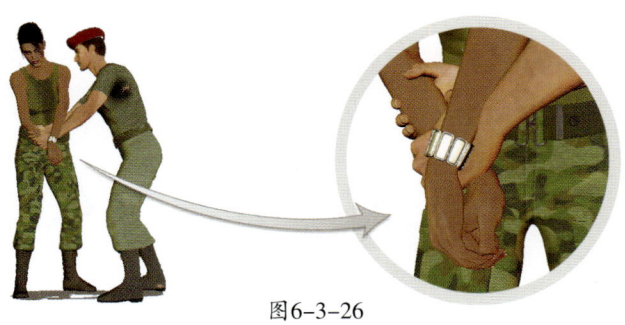

图6-3-26

(4) 动作不停，身体左转，左手扳住右拳，双臂同时用力沿弧形路线自右向上大幅度移动，可以迫使对方双手被动翻转（图6-3-27、图6-3-28）。

图6-3-27

图6-3-28

(5) 当双手移动至面前、高于头部的位置时，身体重心骤然下沉，双手随之快速垂直沉降，瞬间发力，给对方双手形成巨大压力，可以成功摆脱其控制

(图6-3-29)。

（6）双臂自由后，右脚向前迈进一步，左脚蹬地，推送身体重心再向前过渡，上体左转，带动右臂屈肘、自右向左横摆，以肘尖为力点袭击对方头部左侧（图6-3-30）。

图6-3-29

图6-3-30

技术要领

★由于左手扳住右拳后，运动的路线好像是月牙形的轮廓，所以以色列格斗专家们将其形象地称作"新月式摆脱"（Crescent Escape）。这个名称再次提醒我们双手移动的路线，先是按弧形路线将手臂抬起，然后再垂直下落。

★右拳立腕、外翻时，要尽量让右拳拳背与右小臂成垂直状态，以便于左手来扳抓。左手扳抓右拳的位置要准确，左手四指扣抓住右拳之四指位置。

★双手自上而下的沉降速度要快，实施动作时，双腿可以适当屈膝，利用身体重心的下降来增加手臂的力量。

G 扳腕屈肘脱解→直拳反击

【动作说明】

（1）实战中，敌人由正面伸出双手，同时抓握住我左手腕部，双手虎口向上，并用力向后下方拉扯（图6-3-31）。

第六章 针对抓扯手腕或手臂的防御技术

图6-3-31

图6-3-32

（2）我身体略微左转，右臂抬起，右手由对方左小臂外侧伸至其左手腕内侧位置，并立即屈肘以右手腕部勾挂住对方左手腕部内侧（图6-3-32、图6-3-33）。

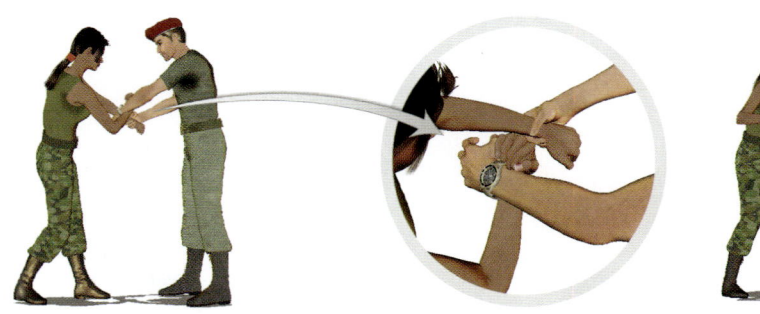

图6-3-33

图6-3-34

（3）旋即，右臂用力向右后方拉扯，肘关节夹紧，瞬间可将对方左手由我左腕上拉开（图6-3-34）。

（4）几乎同时，身体右转，左臂猛然向上屈肘，肘关节瞬间收紧，以小臂尺骨一侧为力点向下挤别对方右手虎口位置，迫使其放松对我左手腕的抓握，以便彻底挣脱出来（图6-3-35）。

图6-3-35

图6-3-36

(5) 进一步，可以用右手直拳袭击对方头部，予以反击（图6-3-36）。

技术要领

★ 左右手臂的动作一定要配合协调，右手拉开对方左手的瞬间，在其注意力移动到我右手动作上时，左臂迅速挣脱。

★ 左臂屈肘动作要求启动突然、力点准确、技术到位，要利用左小臂尺骨的坚硬部位挤压对方虎口的脆弱部位，瞬间屈肘，方可达到挣脱对方控制之目的。

H 架腕拧臂逃脱→踩头擒拿

【动作说明】

(1) 敌人由正面伸出双手，同时抓握住我右手腕部，双手虎口向上（图6-3-37）。

图6-3-37

图6-3-38

(2) 我可以先用左手戳击对方眼睛，进行袭扰（图6-3-38）。

(3) 随即，迅速将右手张开，虎口尽量张大。然后右臂屈肘、内旋、上抬，右掌向外翻转、立腕，令掌心朝前，虎口向上，以虎口部位向上担架住敌人左手腕内侧，令其左臂被迫向上抬起（图6-3-39、图6-3-40）。

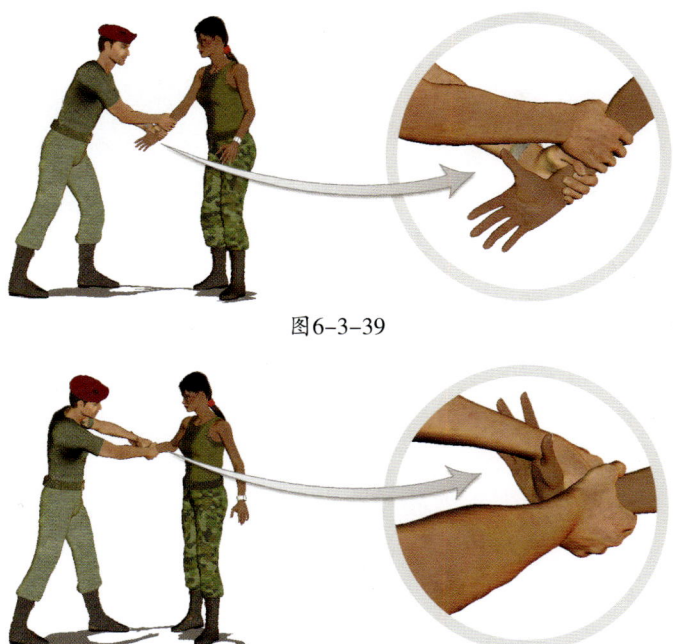

图6-3-39

图6-3-40

（4）动作不停，左脚向左后方移动一步，身体略左转，几乎同时，左手自上而下扣抓住对方左手手背（图6-3-41）。

图6-3-41

（5）身体继续左转，在左手扣紧对方左手手背的前提下，右臂随身体转动而内旋，右掌向内翻转、扣拧住对方左腕，双手协同动作，沿逆时针方向旋拧其左臂，令其掌心翻转朝上，导致肘关节超出活动范围而产生剧痛。这一动作，同时可以迫使敌人被动弯腰俯身（图6-3-42）。

图6-3-42

（6）旋即，双手牢牢控制住对方的左臂，快速向左侧移动脚步，牵引拖拽对方，令其身体重心失衡而扑倒在地（图6-3-43）。

图6-3-43　　　　　　　　　　图6-3-44

（7）进一步，可以在敌人倒地后，用左脚牢牢踩踏住对方的头部，对其左手实施关节降服，或者取出铐具进行逮捕（图6-3-44）。

技术要领

★右掌外翻上架时，大拇指与其余四指要尽量分开大些，一定要准确地架住对方的左腕，从而形成一个发力支点。

★将对方左臂旋拧过来以后，要让其左臂与身体垂直。同时，在右手控制住其手腕的前提下，左手可以攥紧对方左手手背用力向前推送，能够对其腕关节造成挫伤。

★向左侧拖倒对方时，脚步移动要快速灵活。

第六章 针对抓扯手腕或手臂的防御技术

I 扳肘别臂→冲膝反击

【动作说明】

（1）敌人由正面伸出双手，同时抓握住我右手腕部，其右手在上、左手在下（图6-3-45）。

图6-3-45　　　　　　　图6-3-46

（2）我身体略右转，左臂由对方双臂间插入，左手扳扣住对方左臂肘关节外侧（图6-3-46）。

（3）旋即，左臂突然屈肘，左手用力向上提拉对方左肘关节部位，令其肘关节过度伸展，同时以左小臂向下抵别对方右小臂内侧位置，利用杠杆原理撬别对方双臂，迫使其放松对我

图6-3-47　　　　　　　图6-3-47A

219

右臂的抓控（图6-3-47、图6-3-47A）。

（4）紧接着，左臂向对方脑后伸展，屈肘勾搂住其后脖颈，并用力向怀中拉扯，令其俯身低头。继而，屈膝抬起左腿，以膝盖为力点冲顶敌人裆部（图6-3-48、图6-3-49）。

图6-3-48

图6-3-49

技术要领

★左臂的整个动作在运用时，要启动突然，骤然释放爆发力，利用手臂的瞬间抖弹破解对方的拿控。

★随后的打击动作顺势而为，可以冲膝攻击，也可以挥舞手臂实施肘击。

J 抓腕防拧→扫肘反击

【动作说明】

（1）实战中，敌人由我身后用双手抓扯住我右手腕，其双手虎口向上（图6-3-50）。

第六章 针对抓扯手腕或手臂的防御技术

图6-3-50　　　　　　　　图6-3-51

（2）对方抓控住我右手腕后，即准备用力向上翻拧我右臂肘，对我实施擒拿。我迅速用右手抓住自己臀部或者后腰部位的裤子，以阻止对方继续向上扳拧（图6-3-51）。

（3）继而，右脚向前移动半步，身体骤然左转，带动左臂屈肘向身体左后方摆肘，以肘尖为力点横扫敌人头部（图6-3-52、图6-3-53）。

图6-3-52　　　　　　　　图6-3-53

技术要领

★右手抓扯裤子的动作要及时，且牢固。

★转身肘击要充分利用身体拧转，动作自然、流畅。左臂肘击的同时，右臂也要借助身体的转动用力挣脱束缚。

K 移髋提臂→转身戳眼

【动作说明】

（1）实战中，敌人由我身后用双手抓扯住我右手腕，其双手虎口向上（图6-3-54）。

（2）当敌人准备双手用力向我背后翻拧我右臂肘时，我左脚向左移动一小步，臀髋迅速左移，同时身体右转，右臂屈肘向上提起，使手臂始终处于我身前，令其无法顺利向后扳拧（图6-3-55至图6-3-57）。

图6-3-54　　　　图6-3-55

图6-3-56　　　　图6-3-57　　　　图6-3-58

（3）旋即，摆动左臂，以指尖为力点直戳对方双眼（图6-3-58）。

第六章 针对抓扯手腕或手臂的防御技术

技术要领

★ 左脚向左移动脚步的同时身体右转，使自己右侧腰髋与对方的身体成垂直状态。

★ 左手后续的攻击动作，可以灵活运用，可用手指戳眼，也可以用掌根推撑对方下颌或者鼻根。

★ 戳眼这种技术虽然简单，却是非常行之有效的攻击手段，且一旦击中目标，会给对方带来巨大的痛苦，其疼痛不堪时自然就无暇对我实施控制了。

L 倒地踹腿反击

【动作说明】

（1）实战中，敌人由我身后用双手抓扯住我右手腕，其双手虎口向上（图6-3-59）。

图6-3-59

图6-3-60

图6-3-61

（2）对方抓控住我右手腕后，即用力向上翻拧我右臂肘，对我实施擒拿，令我被迫向前俯身（图6-3-60）。

（3）此时我可以降低身体重心，双腿屈膝下蹲，同时身体向右转动，以缓解对方对我右臂翻拧所产生的力量（图6-3-61）。

（4）动作不停，身体继续向右翻转，以左臂扶撑地面，左侧臀部席地而坐，主动倒地形成地面侧躺姿势。左脚顺势伸至敌人右脚后方，牢牢勾住其右脚脚后跟位置，同时将右脚蹬踏在对方右腿胫骨接近膝盖位置（图6-3-62、图6-3-63）。

图6-3-62　　　　　　　　　图6-3-63

（5）旋即，在左脚固定住对方右脚脚后跟的基础上，右脚用力向前蹬踹其右腿，破坏其身体平衡的同时，可以针对其膝关节及胫骨造成创伤（图6-3-64、图6-3-65）。

图6-3-64　　　　　　　　　图6-3-65

第六章 针对抓扯手腕或手臂的防御技术

技术要领

★ 转身倒地的动作要快,及时降低身体重心,可以成功化解掉对方双手针对我右臂旋拧的力量。

★ 右脚蹬踹敌人右腿时,左脚一定要勾住对方右脚脚后跟,两脚交错发力,才能达到预期效果。

M 倒地分腿反击

【动作说明】

(1) 实战中,敌人由我身后用双手抓扯住我右手腕,其双手虎口向上(图6-3-66)。

图6-3-66

图6-3-67

图6-3-68

(2) 对方抓控住我右手腕后,即用力向上翻拧我右臂肘,对我实施擒拿,令我被迫向前俯身(图6-3-67)。

(3) 我迅速降低身体重心,双腿屈膝下蹲,同时身体向右转动,以缓解对方对我右臂翻拧所产生的力量(图6-3-68)。

(4) 动作不停,身体继续向右翻转,用左手扶撑地面,左侧臀部席地而坐

225

(图6-3-69)。

图6-3-69

图6-3-70

图6-3-71

（5）旋即，抬起右脚，以脚后跟为力点向上踢击敌人裆部（图6-3-70）。

（6）踢裆动作结束后，右脚下落，与左脚一并伸至对方两脚之间，身体略右转，双臀着地坐稳，双臂向后伸展，双手扶撑地面（图6-3-71）。

（7）继而，双腿突然向两侧分开，以两脚脚踝部位为力点分别向两侧勾踢对方双脚脚踝位置，迫使其双腿向两侧过度分开，瞬间重心失衡，站立不稳而跌倒（图6-3-72至图6-3-74）。

图6-3-72

图6-3-73

图6-3-74

第六章 针对抓扯手腕或手臂的防御技术

技术要领

★臀部着地瞬间，即发动踢裆攻击，将对方的注意力吸引到其裆部，其势必向后缩臀躲避，而导致身体重心偏移，在此基础上再勾踢其双脚，可瞬间颠覆其身体重心平衡。

★双脚向两侧分开的动作要同步进行，踢击快速、有力。

N 倒地剪腿反击

【动作说明】

（1）实战中，敌人由我身后用双手抓扯住我右手腕，其双手虎口向上（图6-3-75）。

图6-3-75

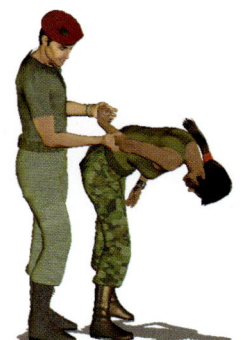
图6-3-76

图6-3-77

（2）对方抓控住我右手腕后，即用力向上翻拧我右臂肘，对我实施擒拿，令我被迫向前俯身（图6-3-76）。

（3）我迅速降低身体重心，双腿屈膝下蹲，同时身体向右转动，以缓解对方对我右臂翻拧所产生的力量（图6-3-77）。

（4）动作不停，身体继续向右翻转，以左臂扶撑地面，左腿与左侧臀部着

227

地。左脚顺势伸至敌人左脚后方，牢牢勾住其左脚脚后跟位置（图6-3-78）。

图6-3-78　　　　　　　　　　　图6-3-79

（5）继而，抬起右腿，将右脚向左前方伸展摆动（图6-3-79）。

（6）旋即，身体向右转动，右腿猛然向右后方摆扫，以小腿与脚踝后侧为力点自左向右扫挂对方左腿膝关节内侧；同时，左腿于地面自右向左勾扫对方左脚脚踝部位，双腿同时动作，如剪刀般交错发力，瞬间颠覆对方身体重心平衡，将其剪翻在地（图6-3-80、图6-3-81、图6-3-82）。

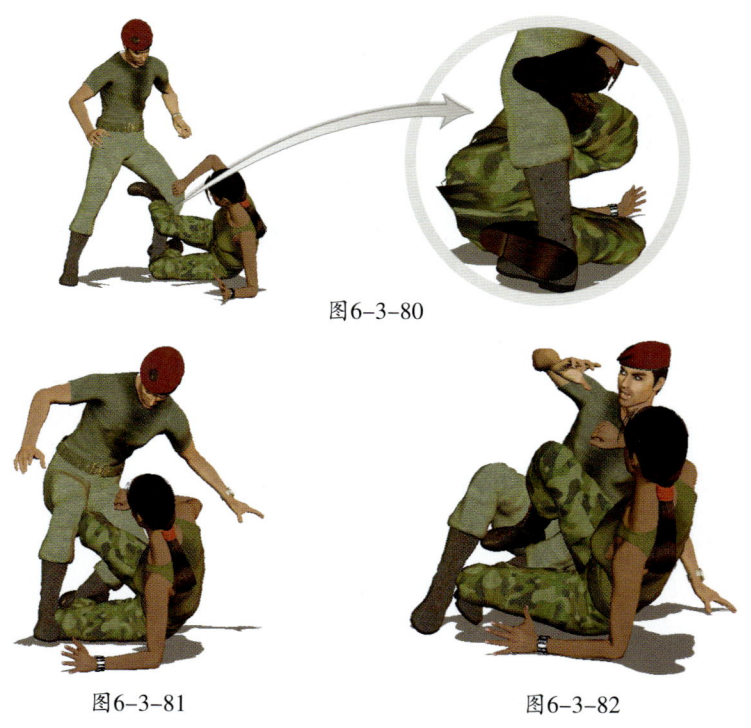

图6-3-80

图6-3-81　　　　　　　　　　　图6-3-82

（7）也可以在臀部着地后，将左脚置于对方左脚脚后跟位置；同时抬起右腿，将右脚向左前方伸展摆动（图6-3-83）。

（8）然后，右腿猛然向右后方摆扫，以小腿与脚踝后侧为力点自左向右扫挂对方右腿膝关节外侧；同时左腿于地面自右向左勾扫对方右脚脚踝部位，双腿同时动作，剪绞对方右腿，将其撂倒（图6-3-84、图6-3-85）。

图6-3-83

图6-3-84　　　　　　　　　图6-3-85

技术要领

★剪绞对方左腿还是右腿，要根据臀部着地后双脚与对方双脚所处的位置和角度而定，哪条腿容易捕获，就针对其哪条腿实施动作。实战中，可根据具体情况，灵活掌握。

★无论是攻击敌人哪条腿，双腿的扫摆动作都要同步进行，两条腿同时向反方向运动，交错发力。

第四节
双手抓扯双侧手腕或手臂的防御方法

双手抓扯双侧手腕与手臂，具体可以分为正面双手抓扯（图6-4-1）和背后双手抓扯（图6-4-2）两种情况。敌人抓扯你双臂的目的一般是要对你进行纠缠和控制，此刻其发动拳脚攻击的可能性较小。

图6-4-1

图6-4-2

相对于单手被抓扯而言，针对双手被控制的脱解要困难一些，要求被动一方要具备良好的格斗基础，力量、速度等方面的基本素质也相应地要求高一些。

A 双屈肘逃脱→摆肘反击

【动作说明】

（1）敌人由正面用双手抓住我两手腕部，其双手虎口朝前，并用力向后下方拉扯（图6-4-3）。

（2）我身体重心随之向前移动，在缓解其拉扯力度的同时，双臂内旋，向两侧

图6-4-3

图6-4-4

摆动伸展,将对方双手向两侧拉开一定距离(图6-4-4)。

(3) 旋即,上体后仰,双臂外旋、猛然屈肘向上抬起,肘关节瞬间收紧,以小臂尺骨一侧为力点向下分别挤别对方双手虎口位置,迫使其放松对我手腕的抓握,以便彻底挣脱出来(图6-4-5至图6-4-7)。

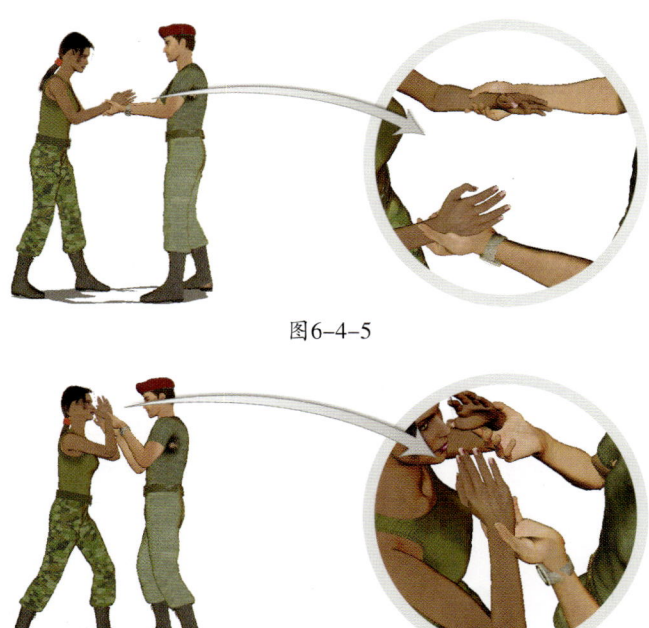

图6-4-5

图6-4-6

(4) 紧接着,在双腕顺利挣脱后,右脚蹬地,推送身体重心向前过渡,右臂屈肘抬起,以肘尖为力点横摆敌人下颌,予以快速反击(图6-4-8、图6-4-9)。

图6-4-7　　　　　　　　图6-4-8　　　　　　　　图6-4-9

技术要领

★ 这种挣脱方法是双臂同时利用小臂尺骨的坚硬部位挤压对方虎口的脆弱部位，在技术要领上与单臂逃脱动作基本一致，主要强调的是双臂动作应步调一致。

★ 随后的摆肘攻击，一定要将身体贴近对方，在确保攻击距离恰当的前提下出击。

B 双摆掌逃脱→头槌反击

【动作说明】

（1）敌人由正面用双手抓住我两手腕部，其双手虎口朝上，并用力向其后上方提拉（图6-4-10）。

图6-4-10　　　　　　　　图6-4-11

（2）我迅即双臂屈肘，肘关节向上提起，双手内旋、下摆，使掌心朝下（图6-4-11）。

（3）动作不停，双手继续向下、向外、再向上划弧摆动，利用杠杆原理针对敌人双手形成扭别之势，迫使其双手虎口翻转向下，放松抓握的力度，从而摆脱控制（图6-4-12）。

第六章 针对抓扯手腕或手臂的防御技术

图6-4-12

（4）双腕顺利挣脱后，立即向后移动脚步，与对方拉开距离（图6-4-13）。

（5）进一步，可以右脚蹬地，推送身体重心向前过渡，同时双手向两侧拨开对方双手，上体前俯，以额头冲撞敌人面门（图6-4-14）。

图6-4-13

图6-4-14

技术要领

★双臂要沿弧形路线做圆周摆动，动作要突然、流畅，左右步调一致。

★捶者，用头敲击也。用额头发动攻击时，身体重心一定要快速向前过渡，利用身体前冲惯性来带动攻击。

C 屈肘逃脱→贯耳反击

【动作说明】

（1）敌人由正面用双手抓住我两手腕部，其双手虎口朝前（图6-4-15）。

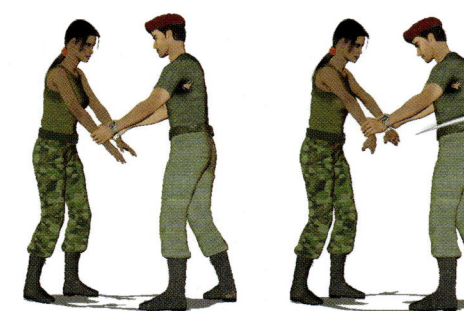

图6-4-15

图6-4-16

（2）在对方双手抓住我双腕的一刹那，我双臂迅速内旋，向两侧摆动伸展，将对方双手向两侧牵引（图6-4-16）。

（3）旋即，上体后仰，双臂外旋、猛然屈肘向上抬起，肘关节瞬间收紧，以小臂尺骨一侧为力点向下分别挤别对方双手虎口位置，迫使其放松对我手腕的抓握，以便彻底挣脱出来（图6-4-17、图6-4-18）。

图6-4-17

图6-4-18

第六章 针对抓扯手腕或手臂的防御技术

（4）紧接着，在双腕顺利挣脱后，右脚蹬地，推送身体重心向前过渡，带动双臂由身体两侧向前、向上挥摆，以双掌掌心合击敌人双耳（图6-4-19、图6-4-20）。

图6-4-19　　　　　　　　　图6-4-20

技术要领

★双臂之所以要先内旋，是为了将对方的双手向身体两侧拉开一定距离，为进一步双臂内旋上屈创造运行空间，如果在对方双手间距较近的情况下抬动双手，由于空间制约，会影响动作的幅度，从而削减了挣脱的力量。

★双掌合击双耳，俗称"双峰贯耳"，双掌所产生的气浪可以击穿对方的耳膜，威力不可小觑。具体运用时，双臂要抡圆，双掌要扣成窝状。

D 头槌膝击→屈肘逃脱→砸肘反击

【动作说明】

（1）敌人由正面用双手抓住我两手腕部，其双手虎口朝前（图6-4-21）。

（2）在对方双手抓住我双腕的一刹那，我双臂迅速内旋，向两侧摆动伸展，将对方双手向两侧牵引（图6-4-22）。

图6-4-21

图6-4-22

图6-4-23

（3）几乎在双手向两侧伸展的同时，右脚蹬地，推送身体重心向前过渡，左脚向前逼近半步，俯身低头，借身体前冲之势，以前额猛撞敌人面颊，可以令其当即鼻口蹿血（图6-4-23）。

（4）动作不停，上体后仰，右腿屈膝提起，以膝盖为力点向前撞击对方裆部，令其上体前俯（图6-4-24）。

（5）旋即，右脚向后落步，上体后仰，双臂外旋、猛然屈肘向上抬起，肘关节瞬间收紧，以小臂尺骨一侧为力点向下分别挤别对方双手虎口位置，迫使其放松对我手腕的抓握（图6-4-25）。

图6-4-24

图6-4-25

图6-4-26

（6）进一步，可以用左手搂按住对方的脖颈、向下压制，在对方俯身的瞬间抬起右臂，以右肘自上而下狠狠砸击敌人后脖颈（图6-4-26至图6-4-28）。

图6-4-27　　　　　　　　　　图6-4-28

【技术要领】

★额头冲撞时，双手一定要事先将对方的双手牵引至身体两侧，防止其用双手来推搡我的胸部，同时也为上步进身扫清障碍。

★右肘下砸时，身体重心要随之下沉，沉肩坠肘，以助发力。

E 单臂平屈逃脱→扫肘反击

【动作说明】

（1）敌人由正面用双手抓住我两手腕部，其双手虎口朝前（图6-4-29）。

（2）我右脚向前迈进半步，身体猛然左转，右臂随之向上抬起，高与胸齐时立即屈肘，小臂内收，肘关节瞬间收紧，以小臂尺骨一侧为力点向外挤别对方左手虎口位置，迫使其放松对我右手腕的抓控（图6-4-30）。

图6-4-29

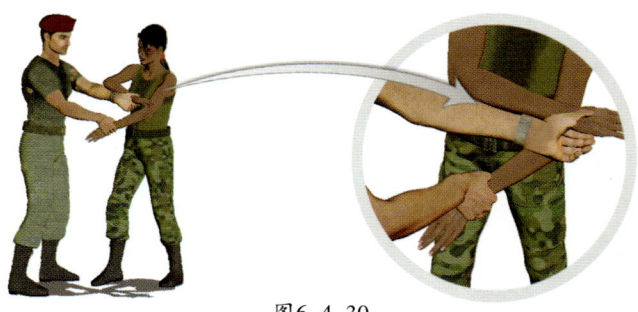

图6-4-30

（3）旋即，在右手腕挣脱后，身体迅速右转，挥舞右臂，自左向右抢摆，以肘尖为力点狠狠扫砸敌人头部（图6-4-31、图6-4-32）。

图6-4-31　　　　　　　图6-4-32　　　　　　　图6-4-33

（4）在右肘实施反击的同时，左臂用力向左后方摆动，以挣脱对方的束缚（图6-4-33）。

技术要领

★这种利用小臂尺骨坚硬部位挤压对方虎口脆弱部位来实现挣脱抓控的手段，在单臂逃脱技术中曾做过介绍。动作实施过程中，强调身体转动的速度要快，突然启动，出其不意。

★一条手臂自由后，迅速发起反击，肘击可以是连续的，扫砸得对方头晕目眩，其另一手的抓控自然会松懈。

第六章 针对抓扯手腕或手臂的防御技术

抓腕屈肘逃脱→戳眼反击

【动作说明】

（1）敌人由正面用双手抓住我两手腕部，其双手虎口朝前（图6-4-34）。

（2）在对方双手抓住我双腕的一刹那，我双臂迅速内旋，向两侧摆动伸展，将对方双手向两侧牵引（图6-4-35）。

图6-4-34

图6-4-35

（3）旋即，双臂屈肘外旋，在双手向内靠近的瞬间，左手顺势自下而上迎抓住对方左手腕部，右臂则继续向上屈肘（图6-4-36）。

图6-4-36

（4）动作不停，左手攥紧对方左手腕部，向左侧拉扯，右臂肘关节瞬间收紧，以小臂尺骨一侧为力点向下挤别对方左手虎口位置，双臂交错用力，瞬间将右腕挣脱出来（图6-4-37）。

图6-4-37　　　　　　　　　　　　　图6-4-38

（5）旋即，在右臂挣脱束缚后，上体左转，右臂前冲，以右掌指尖猛戳敌人眼睛，或者以摆肘攻击其太阳穴（图6-4-38）。

技术要领

★这种挣脱方法，一般是在敌人比较强壮、双手抓握力度比较大的情况下运用的。双手的动作要配合协调，挣脱瞬间，左手向外拉扯其左腕，右臂用力屈肘抵挤其虎口。

★随后对眼睛的戳击要准确、凶狠，一旦敌人眼睛被戳伤，其自然无暇再对我手腕进行控制。

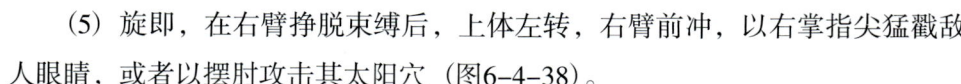

G 切腕屈肘逃脱→抓发卡鼻摆倒

【动作说明】

（1）敌人由正面用双手抓住我两手腕部，其双手虎口朝前（图6-4-39）。

（2）在对方双手抓住我双腕的一刹那，我双臂迅速内旋，向两侧摆动伸展，将对方双手向两侧牵引（图6-4-40）。

第六章 针对抓扯手腕或手臂的防御技术

图6-4-39

图6-4-40

（3）旋即，双臂屈肘外旋，在双手向内靠近的瞬间，右掌自对方右腕下方穿过，立腕翘掌，以掌背贴靠住对方右手手背（图6-4-41）。

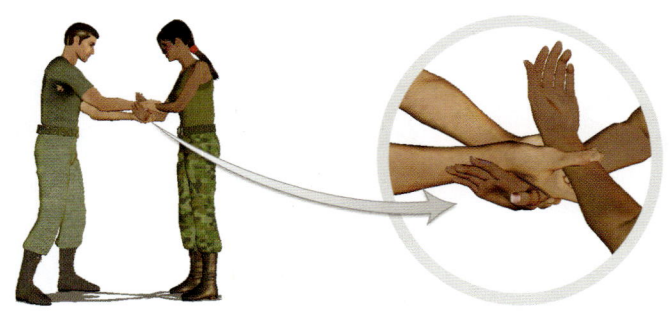
图6-4-41

（4）动作不停，左臂内旋，向上屈肘提拉，肘关节瞬间收紧，以小臂尺骨一侧为力点向下挤别对方右手虎口位置，同时右掌以掌刃为力点用力向右下方切压对方右手腕关节，双臂协调动作，瞬间可将左腕挣脱出来（图6-4-42）。

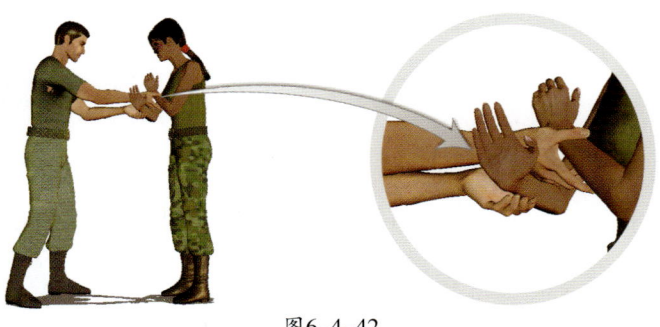
图6-4-42

241

（5）左臂挣脱的一刹那，右臂再向上屈肘提拉，肘关节瞬间收紧，以小臂尺骨一侧为力点向下挤别对方左手虎口位置，顺势也挣脱出来（图6-4-43）。

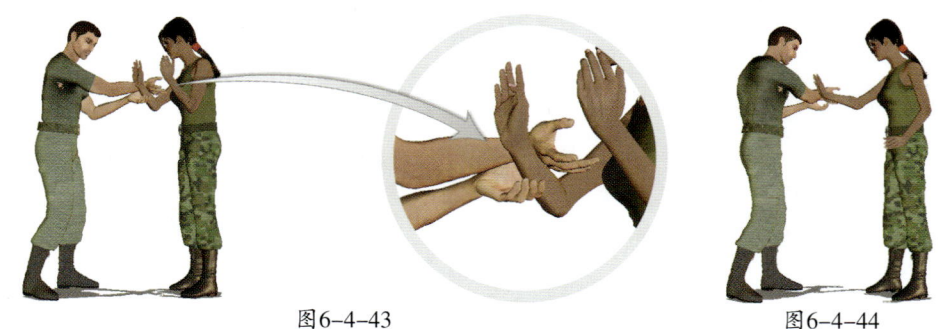

图6-4-43　　　　　　　　　　　　　　图6-4-44

（6）右臂逃脱后，右手随即向右翻腕刁抓住对方右手腕，牵制住其右臂（图6-4-44、图6-4-45）。

图6-4-45　　　　　　图6-4-46　　　　　　图6-4-47

（7）旋即，左脚向前上步，身体右转，左臂屈肘横置于胸前，然后上体骤然左转，带动左肘回扫，以肘尖为力点猛击敌人下颌（图6-4-46、图6-4-47）。

（8）进一步，可以身体左转，右脚上步，靠近对方，伸出左手自后向前抓扯住对方脑后头发，右手以掌根为力点向前上方推抵其鼻根部位（图6-4-48、图6-4-49）。

（9）在双手控制住敌人头部的情况下，左脚向左后方撤退一步，身体大幅度左转，带动左手向左后方拉扯

图6-4-48

敌人头发。同时右掌推抵其鼻根，上下肢协同动作，瞬间将其摔倒在地（图6-4-50、图6-4-51）。

图6-4-49

图6-4-50　　　　　　　　　　图6-4-51

（10）敌人倒地后，可以抬起左脚猛力踩踏对方头部（图6-4-52、图6-4-53）。

图6-4-52　　　　　　　　　　图6-4-53

技术要领

★ 左臂屈肘挣脱时，右掌一定要用掌刃切压对方右手腕部，对其腕部形成一定的压力，左臂逃脱的同时，右臂的动作也会对敌人的左手虎口形成压力。

★ 在双手依次逃脱的过程中，右手要始终以不同的形式贴紧对方的右腕，以便进一步反控擒拿其右腕。

★ 左脚向左后方撤步时，要用右侧大腿和腰髋抵住敌人的后腰和臀部，形成一个支点。

★ 抓发卡鼻、撂倒敌人时，要充分利用身体大幅度转动所产生的动势，带动双手逆时针旋拧对方头部。

H 转身平屈肘逃脱→扫肘反击

【动作说明】

（1）敌人由我身后跟踪，突然伸出双手分别抓住我两手腕，并用力拖扯（图6-4-54）。

（2）我左脚迅速向左后方移动，身体左转，以缓解对方拉扯的力度（图6-4-55）。

（3）继而，左手手掌外旋，令掌心向上，左臂屈肘向身体内侧摆动，以小臂桡骨部位为力点挤压对方左手虎口的脆弱部位，迫使其放松对我左臂的控制（图6-4-56）。

图6-4-54

图6-4-55

第六章 针对抓扯手腕或手臂的防御技术

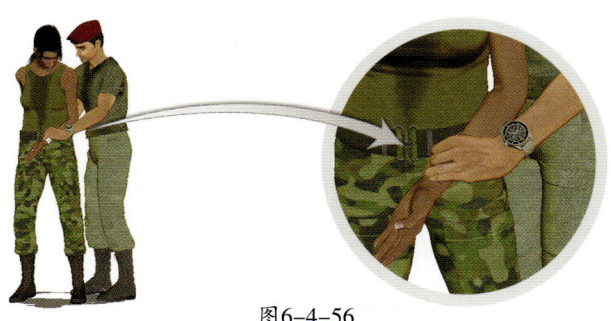

图6-4-56

(4) 进一步，在左臂挣脱束缚后，顺势扬起手臂，然后，身体猛然向左后方拧转，左臂屈肘，以肘尖为力点朝左后方横扫敌人头部，连续击打，直至对方彻底放松对我的拉扯（图6-4-57、图6-4-58）。

图6-4-57　　　图6-4-58

技术要领

★左臂屈肘逃脱的动作要利用身体向右转动之势，顺势而动。
★左臂挣脱后，立即展开反击，后扫肘要连续、凶狠，令敌人猝不及防，才能迫使其放松对我另一条手臂的控制。

I 前移抬臂挣脱→转身摆肘反击

【动作说明】

（1）敌人由背后用双手抓住我两手腕部，其双手虎口朝上（图6-4-59）。

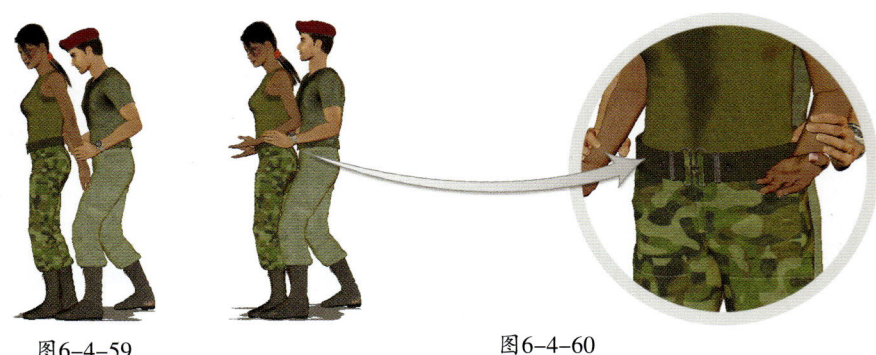

图6-4-59　　　　　　　　　图6-4-60

（2）我双臂迅速屈肘，小臂外旋，令双手掌心朝上（图6-4-60）。

（3）动作不停，我身体重心突然向前移动，右脚迅速向前迈出一步，双臂随之向前上方用力抬起，以双小臂尺骨一侧为力点向后、向下分别挤别对方双手虎口位置，迫使其放松对我手腕的抓握，瞬间动作可以成功挣脱对方的束缚（图6-4-61）。

图6-4-61　　　　　　　　　图6-4-62

(4) 旋即，身体左后转，右脚蹬地，利用身体转动之势，带动右臂屈肘，自右向左横摆而出，以肘尖为力点袭击敌人下颌，予以重创（图6-4-62）。

技术要领

★右脚上步与双臂向前上方抬起的动作要同步完成，利用身体前蹿产生的动势，以及手臂抬起时尺骨向后的挤压而形成的合力，来挣脱对方的控制。双臂抬起的动作如同铲车向上铲土一般，因此此势也被称作前铲逃脱。

★身体左后转出肘反击时，右脚一定要蹬地，将身体重心靠近敌人，缩短彼此间的距离，肘击才能命中目标。

J 抱腿掬投摆脱背后抓双肘

【动作说明】

（1）敌人由背后用双手抓住我双小臂接近肘关节位置，其双手虎口朝上（图6-4-63）。

图6-4-63

图6-4-64

图6-4-65

（2）在感觉到双臂被对方抓控的一瞬间，我身体重心左移，左脚迅速向左侧移动一步。右脚随即由对方身前绕过其左腿、移动至其左腿后方（图6-4-64、图6-4-65）。

（3）旋即，双腿屈膝下蹲，同时俯身将双手分别插至对方双大腿后侧膝窝位置（图6-4-66）。

图6-4-66

图6-4-67

图6-4-68

（4）动作不停，双手抄抱其双腿，然后我双腿蹬地、挺身，上体后仰，双臂同时发力，将对方提抱而起，令其身躯悬离地面（图6-4-67、图6-4-68）。

（5）继而，我上体猛然右转，双臂朝右侧甩出，将敌人抛至我身体右后方，令其重摔于地（图6-4-69）。

图6-4-69

技术要领

★抱腿掬投（Scooping Throw）在日本柔道中叫作戽斗摔，戽斗是一种灌田汲水用的旧式农具，戽斗摔顾名思义就是像倒置戽斗那样抱住对方双腿向上提掀，令其上下颠倒、重心崩溃而跌倒的一种摔法。掬，双手捧起的意思。

★实施动作时，双手抄抱的位置要准确，脚步移动的速度要快，灵活敏捷。随后的挺身提抱，要充分利用腰部的力量。

第六章 针对抓扯手腕或手臂的防御技术

K 抄腿击裆→掬投摆脱背后抓双肘

【动作说明】

(1) 敌人由背后用双手抓住我双小臂接近肘关节位置，其双手虎口朝上（图6-4-70）。

图6-4-70　　　　　图6-4-71　　　　　图6-4-72

(2) 在感觉到双臂被对方抓控的一瞬间，我身体重心左移，左脚迅速向左侧移动一步。右脚随即由对方身前绕过其左腿，移动至左腿后方（图6-4-71、图6-4-72）。

(3) 旋即，上体前俯，双腿屈膝下蹲，同时左手抄揽对方左大腿后侧膝窝位置（图6-4-73）。

(4) 在左手控制住对方左腿之后，抡起右臂，以右手拳轮为力点连续捶击敌人裆部生殖器，令其产生剧痛（图6-4-74）。

图6-4-73　　　　　图6-4-74

249

（5）继而，在对方疼痛难当、双腿颤抖的一刹那，右臂向右下方伸展，右手抄抱住对方右大腿后侧膝窝位置。然后，双腿蹬地、挺身，上体后仰，双臂同时发力，将对方提抱而起，令其身躯悬离地面（图6-4-75、图6-4-76）。

图6-4-75

图6-4-76

（6）紧接着，我上体猛然右转，双臂朝右侧甩出，将敌人抛至我身体右后方，令其重摔于地（图6-4-77、图6-4-78）。

图6-4-77

图6-4-78

技术要领

★这一势介绍的逃脱方法与上一势动作基本一样，只是针对强悍对方做了一些铺垫动作。实战中，我们经常会遇到对方身体比自己高大强壮的情况，将其一下子提抱起来比较困难，因此可以先对其裆部要害进行连续的击打，导致其双腿发软，根基不稳。

★右手捶击敌人裆部时，左手要先行控制住对方左腿，避免其向后撤步逃脱。

第七章

针对抓扯胸襟的防御技术

抓扯胸襟的行为一般都是在对方情绪比较激动的情况下发生的，对方可能在抓扯你胸襟的同时对你进行推搡。基本上可以分为双手抓扯和单手抓扯两种情况。不同的抓扯方式具有不同的特点，威胁程度也各不相同。

抓扯胸襟这种举动，表面看起来冲突比较激烈，但实际上比较本书前面介绍的那些擒拿控制方式来说，其威胁和伤害程度并不高，摆脱和反抗起来也比较容易。

第七章 针对抓扯胸襟的防御技术

第一节
双手抓扯胸襟的防御方法

双手由正面抓扯胸襟的动作与双手正面掐窒脖颈有些类似，只是其对你的威胁程度没有那么强烈。在进行挣脱和反击时，我们可以借鉴防御掐窒的一些理念和手段，灵活变通地运用。

A 抓发卡鼻→拧头摔

【动作说明】

（1）双方正面冲突，敌人用双手将抓我胸部衣襟，并用力进行推搡（图7-1-1）。

图7-1-1　　　　　　　　图7-1-2

（2）我迅速抬起左臂，将左手伸至对方脑后，抓住其头发；同时，伸出右手自下而上以掌根为力点托卡住对方鼻根部位（图7-1-2）。

（3）旋即，左脚向后撤步，身体骤然左转。同时左手抓紧对方头发用力向左后方拉扯，右手顺势推送其鼻根，双手一并发力，沿逆时针方向旋拧，瞬间

253

可拧断敌人脖颈,并将其撂倒在地,从而达到脱解目的(图7-1-3、图7-1-4)。

图7-1-3　　　　　　　　　　　　图7-1-4

技术要领

★左手抓发要牢固,右手卡鼻要位置准确。

★推拧对方头部的动作要左右手同时发力,要充分利用身体转动的惯性发力,上下肢动作配合协调,瞬间发力可导致其颈椎折断。

B 砸臂拖摔→膝击头部

【动作说明】

(1)双方正面冲突,敌人用双手拧抓我胸部衣襟,实施挑衅(图7-1-5)。

(2)我迅速双臂屈肘向上抬起,双手抬至敌人双臂上方与头同高时,用右手抓住自己左手腕部(图7-1-6)。

(3)旋即,双腿屈膝下蹲,身体重心骤然下沉,双臂随之快速下落,以双小臂为力点向下磕砸敌人双小臂位置,迫使其双臂弯曲(图7-1-7)。

图7-1-5

图 7-1-6　　　　　　　　　　　图 7-1-7

（4）动作不停，在双小臂向下砸压的一刹那，右脚向后撤步，双臂继续用力向下、向怀中揽带对方双臂，瞬间动作可将对方拖倒而双膝跪地（图 7-1-8）。

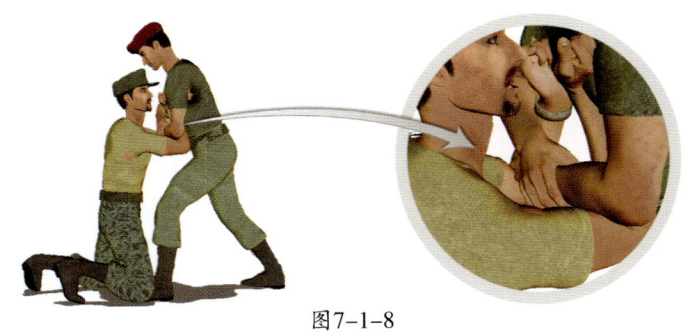

图 7-1-8

（5）对方双膝着地瞬间，我左脚快速向后移动，继续拖拽对方双臂，令其随我的动作而重心失衡、向前扑摔（图 7-1-9）。

图 7-1-9

(6) 在对方身体前扑的一刹那，我迅速将左腿抬起，以膝盖为力点迎面冲顶对方面门，予以强力攻击（图7-1-10、图7-1-11）。

图7-1-10

图7-1-11

技术要领

★ 双臂下坠的动作要突然、有力，令敌人猝不及防。

★ 双脚向后的移动速度要快，且要与上肢动作配合协调，使整个动作连贯、顺畅。

C 扳双拇指逃脱

【动作说明】

（1）双方正面冲突，敌人用双手拧抓我胸部衣襟，实施挑衅（图7-1-12）。

（2）我迅速双臂屈肘向上抬起，用双手自上而下抠抓住对方双手大拇指（图7-1-13）。

图7-1-12

第七章 针对抓扯胸襟的防御技术

图7-1-13

（3）旋即，双手一并用力向前、再向两侧翻转、扳拧对方两大拇指，令其双手外翻，被迫放松对我的抓扯，同时为了缓解双手大拇指反关节的剧痛而向前跪倒（图7-1-14）。

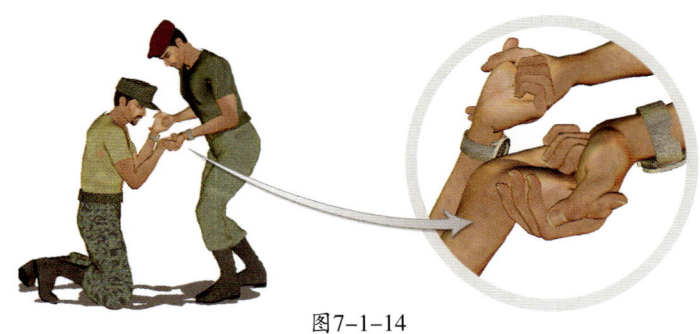

图7-1-14

技术要领

★双手捕获对方双手大拇指的动作要准确、有力，一旦抓住就要牢牢攥紧，切勿让其抽脱。

★双手动作同时进行，步调一致。

257

D 拉腕扫肘脱解→挂腿摔反击

【动作说明】

（1）双方正面冲突，敌人用双手捋抓我胸部衣襟，并用力进行推搡（图7-1-15）。

（2）我可以立即抬起左臂，屈肘由外向内以左手扣按住对方右腕内侧，同时右臂向右上方高高扬起（图7-1-16）。

（3）旋即，身体猛然左转，右臂屈肘向左侧摆动。然后，身体再向右侧回转，带动右臂屈肘自左向右挥摆，以肘尖为力点扫袭敌人头部。左手同时用力向下拉扯对方右手手腕，迫使其放松对我胸襟的抓扯（图7-1-17、图7-1-18）。

图7-1-15

图7-1-16

图7-1-17

图7-1-18

图7-1-19

（4）继而，再飞起右脚连续踢击对方裆部，令其彻底松开双手（图7-1-19）。

第七章　针对抓扯胸襟的防御技术

(5) 紧接着，右脚落步，左手顺势刁抓住对方右手腕部，右手扣抓住其右侧肩头（图7-1-20）。

(6) 动作不停，身体重心突然向前移动，右腿抬起随之向前摆动。然后身体快速左转，右腿回荡，用力向右后方撩挂对方右腿后侧，同时右手配合下肢动作向前下方推按对方右侧肩头。上下肢协同动作，破坏对方身体重心平衡，瞬间将对方摔倒（图7-1-21至图7-1-23）。

图7-1-20

图7-1-21

图7-1-22

图7-1-23

技术要领

★ 左手拉扯对方右手的同时展开右肘的攻击动作，肘击也可以是连续的，打得对方需要撤手防护才好。

★ 随后的挂腿摔，要求上下肢配合协调，右腿向后勾挂时，身体一定要配合左转。

259

E 摆拳踢裆→旋臂降服

【动作说明】

（1）双方正面冲突，敌人用双手揪抓我胸部衣襟，并用力进行推搡（图7-1-24）。

图7-1-24　　　　　　　　图7-1-25

（2）我迅速抬起左臂，屈肘以左手扣抓住对方右手腕部；同时挥舞右臂，以摆拳袭击对方左腮（图7-1-25）。

（3）旋即，在左手牢牢攥紧对方右手腕的前提下，我右手再扣抓住对方右手手背，手指抠住其右手掌刃部位。同时，飞起右脚连续踢击对方裆部（图7-1-26）。

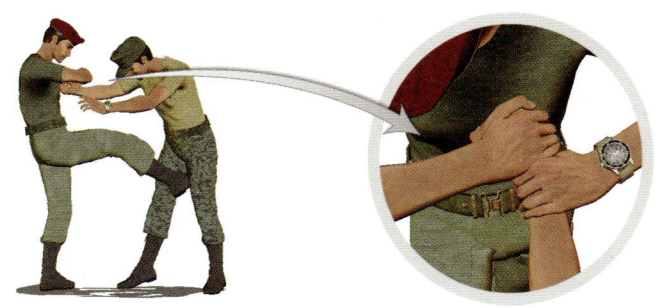

图7-1-26

（4）继而，右脚向后落步，身体右转，双手同时用力沿顺时针方向扳拧对方右腕及右手，令其放松对我胸襟的抓扯，被迫俯身低头（图7-1-27）。

图7-1-27

（5）进一步，在将对方右臂旋拧过来之后，我身体继续右转，重心下沉，左腿屈膝跪地，以左臂肘使劲向下压制对方右肩胛外侧，同时右手则向上提拉其右手，针对其右臂实施关节降服（图7-1-28）。

（6）随后，身体重心可继续下沉，通过对其右臂的压制，可令对方俯身扑倒在地，从而将战斗引入到地面阶段（图7-1-29）。

图7-1-28

图7-1-29

技术要领

★右手摆拳和踢裆动作都可以是连续的，在强力打击下，对方抓扯我胸襟的双手自然会放松。在此基础上，快速展开对其右手臂的翻拧与降服。

★降服其右臂后，要利用身体的重量将对方压制趴伏于地面，并取得优势体位。

F 抠肘冲膝→退步拖摔

【动作说明】

(1) 敌人由正面用双手捋抓我胸部衣襟，实施挑衅（图7-1-30）。

(2) 我迅速屈肘抬起双臂，用双手抓住对方双臂肘关节，两个大拇指按住其双臂肘窝位置（图7-1-31）。

图7-1-30　　　　　　　　图7-1-31

(3) 动作不停，右脚突然向后退步，双手以大拇指为力点用力向下抠压对方双臂肘窝（图7-1-32）。

图7-1-32　　　　　　　　图7-1-33

第七章 针对抓扯胸襟的防御技术

（4）旋即，在对方因双臂疼痛而被迫俯身的瞬间，我双手迅速捕获其头颅、并向下按压。同时左脚蹬地，右腿提起，屈膝向前冲出，以膝盖为力点攻击对方面门（图7-1-33）。

（5）进一步，可以双脚向后移动，双手拖拽对方头颅，将其拖倒在地（图7-1-34、图7-1-35）。

图7-1-34

图7-1-35

（6）然后，抬起右脚狠狠踩踏敌人头颈（图7-1-36、图7-1-37）。

图7-1-36

图7-1-37

技术要领

★人体双臂肘窝位置有丰富的痛感神经，用力抠按是难以承受的，在对方没有心理准备的前提下发动攻击，可以瞬间导致其双臂软弱无力，从而彻底放松对我抓扯。

★双手捕获对方头颅的动作，仿佛双手抱球，一旦捕获就立即向下按压、拉扯。

第二节
单手抓扯胸襟的防御方法

单手抓扯胸襟相较于双手的抓扯，危险性要大一些，因为敌人在一般情况下用一只手抓扯你胸襟的同时，会挥舞另一条手臂针对你头部进行打击。在具体脱解的时候，要尤其注意其另一条手臂的动向，做到脱防结合，攻防两不误。

A 扳肘拉头摔倒

【动作说明】

（1）双方正面冲突，敌人用右手持抓我胸部衣襟，对我实施挑衅（图7-2-1）。

图7-2-1

图7-2-2

图7-2-3

（2）我身体略左转，右臂自右向左由对方右臂下方穿过、并用右手扳扣住其右臂肘关节外侧（图7-2-2、图7-2-3）。

第七章 针对抓扯胸襟的防御技术

（3）旋即，我右脚向后撤步，身体右转，右手用力向右后方拉拽敌人右臂肘，令其右侧臂肘关节受到牵制，身体被迫向左侧扭转、上体后仰（图7-2-4）。

图7-2-4　　　　　　　　　　图7-2-5

（4）此时，我可以伸出左臂，绕过对方头颈，用左手抠抓住其下颌，并沿逆时针方向扳拧（图7-2-5）。

（5）或者，直接用左手抓住对方头发，使劲向左下方拉扯。同时可以抬起左腿，以左脚蹬踩敌人右腿膝窝部位，颠覆其身体重心，令其瞬间仰摔在地（图7-2-6至图7-2-8）。

图7-2-6

图7-2-7

图7-2-8

（6）敌人倒地后，可以进一步用脚踩踏其头部（图7-2-9、图7-2-10）。

265

图7-2-9　　　　　　　　　　图7-2-10

技术要领

★ 无论左手用什么样的方法进行反击，整个过程中，右手要始终扳拉住对方右臂不放，即便对方倒地后，也要牢牢牵制住其右臂。

★ 扳肘、拉扯头发与蹬踩这一系列动作几乎是同步完成的，上下呼应，协调发力，才能顺利颠覆对方的身体平衡。

★ 左腿蹬踩时，右腿膝关节要适当弯曲，以保持自身的重心平稳。

B　击裆锁臂摔倒

【动作说明】

（1）双方正面冲突，敌人用右手抓抓我胸部衣襟（图7-2-11）。

（2）我迅速将身体向左转动，左脚脚尖外蹍，左臂屈肘、向上抬起，以左手掌刃为力点自内向外拨挡对方右腕内侧，并随着身体的转动顺势翻

图7-2-11　　　图7-2-12

第七章 针对抓扯胸襟的防御技术

腕刁抓住其右手腕。同时，利用身体转动的动势，带动右臂向右前方挥摆，以右手撩击敌人裆部生殖器（图7-2-12、图7-2-13）。

（3）随即，我右臂屈肘，由敌人右臂下方向上抬起，以肘窝部位夹住对方右臂肘关节外侧（图7-2-14）。

图7-2-13

图7-2-14

（4）动作不停，右臂屈肘用力向上提拉敌人肘关节部位，左手攥紧对方右手腕使劲向前下方翻拧扣压，双臂同时动作，针对其右臂肩、肘关节形成压力，令其身体被迫左转、上体后仰（图7-2-15）。

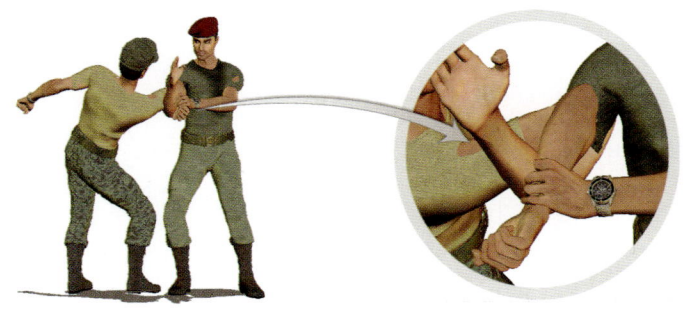
图7-2-15

（5）紧接着，右小臂内旋，用右手扣按住自己左手手背，对其右臂形成臂锁控制（图7-2-16）。

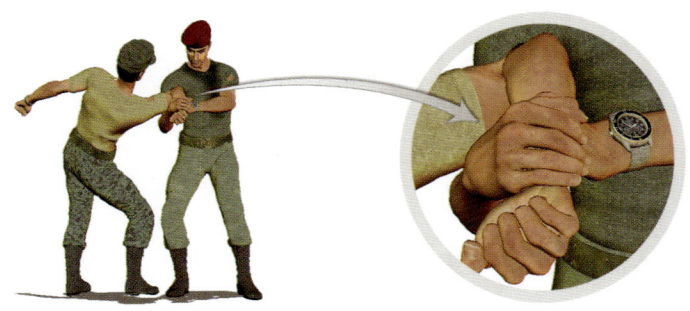
图7-2-16

267

(6) 旋即，上体略右转、前俯，双手同时向下扣压，可导致对方因疼痛难忍而被动向后摔倒（图7-2-17、图7-2-18）。

图7-2-17

图7-2-18

技术要领

★这种锁臂技术我们俗称为"4字形臂锁"，这是一个典型的利用杠杆原理降服对方的招数。右臂肘窝夹住对方右臂肘关节外侧，即形成了一个支点，然后再对其手腕进行扣压，使其手臂肘关节以及肩关节超出正常的生理活动范围，即可以用轻微的力量对其造成严重的伤害。

★左右臂动作遥相呼应，发力一致。上肢动作与身体的转动要配合协调，要使整体动作发挥得流畅自然。

C 扣腕撅指

【动作说明】

(1) 敌人正面用右手捋抓我胸部衣襟，对我实施挑衅（图7-2-19）。

(2) 我迅速抬起左臂，屈肘用左手扣抓住对方右手腕部；同时，用右手直拳袭击对方胸部（图7-2-20）。

图7-2-19　　　　　　图7-2-20　　　　　　图7-2-21

（3）旋即，抬起右腿，以右脚踢击对方裆部（图7-2-21）。

图7-2-22　　　　　　图7-2-23

（4）右脚踢击动作结束后，向后落步，再次以右手直拳击打对方胸部（图7-2-22）。

（5）进一步，右手快速抠攥住对方右手大拇指，然后用力向前下方掰撅，令其右手被迫松开我的胸襟（图7-2-23、7-2-24）。

图7-2-24

（6）继而，可以在攥紧对方大拇指的前提下，快速向后移动脚步，瞬间将其拖倒在地（图7-2-25、图7-2-26）。

图7-2-25　　　　　　　　　　　图7-2-26

技术要领

★在进行一系列攻击前，左手务必先行控制住对方右手腕部，为随后的撅拿拇指埋下伏笔。

★右手撅折其大拇指将对方拖倒后，左手可以放松对其手腕的扣抓，因为此时对方已完全被降服，想挣脱右手难度很大。

D 外挥臂夹腕别肘

【动作说明】

（1）敌人正面用右手揪抓我胸部衣襟，对我实施挑衅（图7-2-27）。

（2）我右脚迅速向后移动一大步，身体重心随

图7-2-27　　　　　　　　　　图7-2-28

第七章 针对抓扯胸襟的防御技术

之后移,身体略右转,同时将左臂由对方右臂内侧向左上方高高扬起,以左侧肩胛和大臂外侧为力点向上、向外挤别住对方右手腕部,迫使其右手由我胸前滑至我左肩上方(图7-2-28)。

(3)动作不停,左臂向左、向下、再向右沿弧形路线挥摆,以左臂肘窝缠绕勾别住对方右臂肘窝位置,左侧腋窝裹挟住对方右手腕部(图7-2-29、图7-2-30)。

图7-2-29　　　　　　图7-2-30

(4)继而,在左臂勾别住对方右臂的基础上,右手用力按住对方右侧肩头,身体重心向上提起,双臂协同动作,可以针对敌人右臂形成锁控,从而成功降服对方(图7-2-31、图7-2-32)。

图7-2-31

图7-2-32

（5）也可以在左臂勾别住对方右臂后，屈肘抬起右臂，用左手扣抓住自己右手腕部，双臂一并向上提拉，同样可以达到拿别敌人右臂肘、肩关节之目的（图7-2-33）。

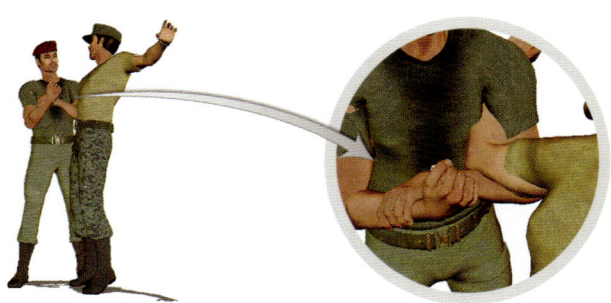

图7-2-33

【技术要领】

★左臂的挥舞摆动要快速、灵活，瞬间勾别住对方的右侧手臂，对其肘、肩关节形成压力。

★在左臂对敌人右臂形成勾别时，左侧腋窝要牢牢夹住对方的右手手腕，切勿让其抽脱。

E 内挥臂担腕别肘

【动作说明】

（1）敌人正面用右手捋抓我胸部衣襟，对我实施挑衅（图7-2-34）。

（2）我右脚迅速向

图7-2-34

图7-2-35

后移动一大步，身体重心随之后移，同时将左臂由对方右臂外侧向左上方高高扬起（图7-2-35）。

（3）旋即，身体略右转，左臂向右、向下挥摆，以左侧腋窝裹挟住对方右手腕部（图7-2-36）。

图7-2-36　　　　　　　　　图7-2-37

（4）动作不停，左臂再向下、向左挥摆，然后再屈肘向左上方提起，以左臂肘窝缠绕勾别住对方右臂肘窝位置（图7-2-37、图7-2-38）。

图7-2-38　　　　　　　图7-2-39　　　　　　　图7-2-40

（5）动作不停，左臂屈肘内旋，用腕部扣压住对方右臂肘关节外侧，令其右手腕部横担于我左肩之上（图7-2-39）。

（6）继而，右臂屈肘抬起，右手扣按住自己左手手背，辅助左臂动作，一并用力向下压制对方右臂肘关节，令其被迫俯身（图7-2-40）。

(7) 进一步，可以在成功降服对方右臂的基础上，移动脚步，向右侧转身，破坏对方身体重心平衡，瞬间将敌人拖倒在地（图7-2-41至图7-2-43）。

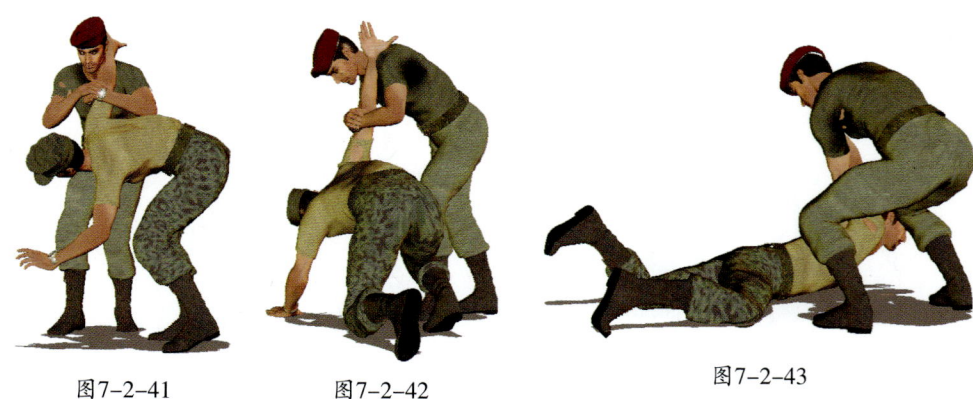

图7-2-41　　　　　图7-2-42　　　　　　　图7-2-43

技术要领

★ 左臂的挥摆绕动动作要灵活、快速，及时将对方右手由我胸前绕别至肩头。

★ 左臂勾别住对方右臂肘关节时，上体前俯，身体重心配合下沉，利用身体的重量来压制对方的手臂。

F 推面顶裆→拉拧头颅

【动作说明】

（1）双方正面冲突，敌人用右手捉抓我胸部衣襟，对我实施挑衅（图7-2-44）。

（2）我迅速抬起左臂，屈肘用左手扣抓住对方右手腕部；同时，用右掌推击对方面部（图7-2-45）。

第七章　针对抓扯胸襟的防御技术

图7-2-44

图7-2-45

图7-2-46

（3）紧接着，右手攻击动作结束后，顺势抓扯住对方右侧肩头，用力向下压制，迫使其向前俯身。旋即，抬起右腿，以膝盖为力点冲顶敌人裆腹部（图7-2-46、图7-2-47）。

图7-2-47

图7-2-48

图7-2-49

（4）在对方中下盘遭到攻击、被迫俯身低头时，我立即用左手抓按住对方右侧肩头，同时用右臂圈抱住对方的头部，右手勾揽住其下颌部位（图7-2-48、图7-2-49）。

（5）动作不停，身体重心骤然向后移动，带动右手向右侧用力拉扯对方的下颌，令其头颅沿逆时针方向旋转，给予其颈椎造成创伤（图7-2-50至图7-2-52）。

图7-2-50

275

图7-2-51

图7-2-52

技术要领

★ 前面的一系列攻击动作，目的主要是逼迫对方俯身低头，为右臂捕获其头颅创造条件。

★ 右臂的圈揽动作仿佛是抱着一只篮球，右手勾住其下颌后，要迅速向后移动身体重心，带动右臂拉扯对方的头颅。

G 推面顶裆→转身扛颈

【动作说明】

（1）敌人正面用右手捋抓我胸部衣襟，对我实施挑衅（图7-2-53）。

（2）我迅速抬起左臂，屈肘用左手扣抓住对方右手腕部；同时，用右掌推击对

图7-2-53

图7-2-54

方面部（图7-2-54）。

（3）紧接着，右手攻击动作结束后，顺势抓扯住对方右侧肩头，用力向下压制，迫使其向前俯身。旋即，抬起右腿，以膝盖为力点冲顶敌人裆腹部（图7-2-55、图7-2-56）。

图7-2-55　　　　　　图7-2-56

（4）在对方中下盘遭到攻击、被迫俯身低头时，我右脚向前上步。贴近对方。同时用右臂圈抱住对方的头部，右手勾揽住其下颌部位（图7-2-57、图7-2-58）。

图7-2-57　　　　　　图7-2-58　　　　　　图7-2-59

（5）动作不停，身体右转，左手推拨敌人右侧肩背，右手用力向上提拉其下颌，迫使其身体随我双手动作向左侧翻转（图7-2-59）。

（6）动作不停，我左脚向前移动半步，右脚随之向右后方背步，身体继续向右侧转动，左手自下而上抄揽住对方的头颅，与右手一并揽紧对方整个脑袋，瞬间将其后脖颈扛担于我左侧肩头之上，令其身体翻转为仰面朝天状态。旋即，双手抱紧其脑袋，用力向前下方拉扯，可当即折断其颈椎（图7-2-60、图7-2-61）。

图7-2-60

图7-2-61

技术要领

★双臂揽抱住对方的头颅后，身体迅速右转，转动的速度一定要快，瞬间将敌人的身体翻转过来。

★双手向下拉扯对方头颅时，左肩要有意识地向上抵顶，交错发力。

★再次提醒，此势凶险狠毒，日常训练中一定要点到为止。

H 拉腕戳眼→缠肘扳颌

【动作说明】

（1）敌人正面用左手拧抓我胸部衣襟，并挥舞右拳准备袭击我头部（图7-2-62）。

第七章　针对抓扯胸襟的防御技术

图7-2-62　　　　　　　　图7-2-63　　　　　　　　图7-2-64

（2）我迅速屈肘用右手扣抓住对方左手腕部；同时抬起左臂，以小臂尺骨部位为力点向外拨挡其右小臂内侧，以化解其攻势（图7-2-63）。

（3）旋即，挥舞左臂，左手前冲，以指尖为力点猛戳敌人双眼（图7-2-64）。

（4）紧接着，身体右转，左臂向右侧挥摆，置于对方左臂肘上方（图7-2-65、图7-2-66）。

图7-2-65　　　　　　　　图7-2-66　　　　　　　　图7-2-67

（5）动作不停，身体再向左转，带动左臂向左下方挥摆，别住其左臂肘窝位置（图7-2-67）。

（6）然后，身体继续左转，左臂屈肘，左手扣住对方胸部，用整条左臂缠住对方左臂肘，迫使其向后仰身。同时右手放开对方左手手腕，顺势扳拉住其下颌部位（图7-2-68、图7-2-68A）。

图7-2-68

图7-2-68A

（7）紧接着，右脚向后撤步，右手用力向右后方拉扯对方下颌，瞬间可将其拖倒在地（图7-2-69）。

图7-2-69

技术要领

★左臂缠绕对方左臂时，要注意身体转动灵活、自然。

★左臂在针对敌人左臂实施缠绕的过程中，右手要始终扣抓住对方左手手腕不放，否则左臂的缠绕无法成功。

第八章

针对抓扯肩背的防御技术

　　拉扯肩背的动作大多情况下都是由身后实施的，由于敌人与我的距离仅在一臂之间，所以应尽量采用一些中短距离下能够充分发挥威力的击打方式进行反击，比如肘击技术，KRAV MAGA格斗体系为我们选择了后扫肘、后击肘、后挑肘、后撩踢等等，这些技术都是非常行之有效的反击手段。这些肘击技术在我们这套丛书的另一册《徒手格斗》中，进行了大篇幅的详细介绍，大家可以参照训练，本章简单介绍几种在反抗拉扯后背时肘技的实际运用方法。

第八章　针对抓扯肩背的防御技术

第一节　单手抓扯单侧肩背的防御方法

敌人用单手拉扯我的单侧肩背，目的大多是要将我拉转回身然后进行打击。在实施有效逃脱方法的同时，强调要注意做好防御工作，避免在挣脱对方控制的时候遭受打击。

A　转身扫肘

【动作说明】

（1）敌人站在我身后，伸出左臂用手抓住我后背，用力向后拉扯，同时欲挥舞右拳对我实施打击（图8-1-1）。

（2）我迅即将双臂弯曲抬起，尤其将右臂抬高，以防范敌人挥拳攻击（图8-1-2）。

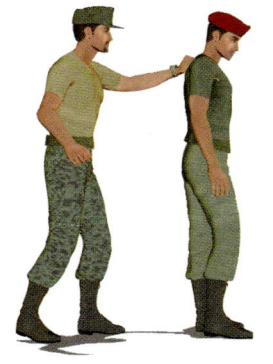
图8-1-1

图8-1-2

（3）继而，身体猛然右转，右臂屈肘夹紧，随身体转动以肩关节为轴，在水平面上向右后方横扫，以肘尖为力点猛击敌人下颌、咽喉或者头部右侧，令其遭受重创（图8-1-3）。

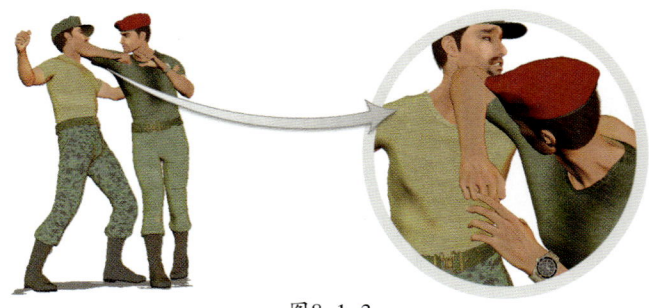

图8-1-3

（4）然后，身体继续向右侧拧转，用力挣脱对方的抓扯，并快速退步，脱离对方的控制（图8-1-4）。

图8-1-4　　　　　　　　　图8-1-5

（5）进一步，可以起脚攻击其裆部（图8-1-5）。

技术要领

★双臂屈肘向上抬起的动作要自然，仿佛是要举手投降，尽量不要让对方紧张，然后再出其不意地发动攻击。

★转身后扫肘的动作要快速、突然，出肘时臂肘一定要夹紧，右拳可以握紧，也可以呈放松状态。肘击的力点要准确，同时注意一定要利用腰身的转动带动手臂发力。

★右臂向后挥动过程中，眼睛要随之移动，最终注视攻击目标。右臂肘实施攻击时，左臂应该屈肘防护好自己下颌和前胸。

第八章　针对抓扯肩背的防御技术

B 后挑肘反击

【动作说明】

（1）敌人站在我身后，伸出左臂用手抓住我后背，对我形成威胁（图8-1-6）。

图8-1-6

图8-1-7

（2）我迅即将双臂弯曲抬起，双腿略屈，身体重心下沉，表现出顺从的样子（图8-1-7）。

（3）随即，身体略向右转，上体略前俯，右臂屈肘随势向后上方摆动，以肘尖为力点自下而上挑击敌人的喉咙或者下巴，予以重创的同时迫使其放松对我的控制，以便及时逃脱（图8-1-8、图8-1-9）。

图8-1-8　　　　　　　图8-1-9

285

技术要领

★ 双臂屈肘向上抬起，可以有效地防御对方挥拳攻击，动作要自然及时。

★ 右肘挑击的时候，要以右肩为轴，大臂带动肘尖，在纵面上向右后上方挥动，力达肘尖。出肘动作要与腰身的转动配合协调，同时左肩内扣向下倾斜，与对方拉开一定距离，创造一个出肘的空间，有助于后挑肘发力的顺畅。右肩尽量伸展，以提高打击力度，延长攻击距离。

C 压腕击头

【动作说明】

（1）敌人站在我身后，伸出左臂用手抓扯我左侧肩背，对我形成威胁（图8-1-10）。

图8-1-10　　　　　　　图8-1-11　　　　　　　图8-1-12

（2）我左脚迅速向左后方移动一步，身体骤然左转，同时左臂随身体转动向左上方高高扬起（图8-1-11）。

（3）动作不停，身体继续向左转动，左臂随身体转动，屈肘向左下方摆动、下落，以大臂后侧及肩腋后侧为力点拨压对方左手腕部，迫使其放松对我左肩的抓扯。同时，右脚蹬地，推动身体重心前移，以右手直拳攻击对方头部（图8-1-12）。

技术要领

★ 身体回转的速度要快，左臂向上抬起时，肱二头肌和肩尽可能接近你的左耳，动作幅度要大，出其不意。

★ 右手直拳凶狠、有力，可以予以连续击打。

D 担肘击肋

【动作说明】

（1）敌人站在我身后，伸出左臂用手抓扯我左侧肩背，对我形成威胁（图8-1-13）。

图8-1-13

图8-1-14

图8-1-15

（2）我左脚迅速向左后方移动一步，身体骤然左转，带动左臂屈肘水平向后横摆，以小臂尺骨为力点担击对方左臂肘关节外侧（图8-1-14）。

（3）旋即，在身体转过来的一刹那，以右手拳狠狠击打对方左侧肋部（图

8-1-15)。

★左臂担击敌人左臂肘关节时，左肩要利用身体转动的力量用力向左后方摆动，以挣脱对方左手的抓扯。

★右手拳的攻击动作要顺势而为，凶狠、有力，可以予以连续击打。

第八章 针对抓扯肩背的防御技术

第二节
双手抓扯双侧肩背的防御方法

敌人同时用双手拉扯我的肩背，目的多是为了直接将我拖拽倒地。在面临这种局面时，尤其提醒注意首先要保持自身的身体重心平稳，在此基础之上再实施反抗和逃脱。

A 后捣肘反击

【动作说明】

（1）敌人站在我身后，伸出双手抓住我后背或双肩，并用力向后拉扯，欲将我拖倒在地（图8-2-1）。

（2）我可以迅速屈肘抬起右臂，身体重心略下沉，双腿站稳，随即身体猛然向右后方转动，右臂以肘尖为力点用力向右后下方捣击敌人腹部神经丛、胃部或者侧肋（图8-2-2）。

图8-2-1

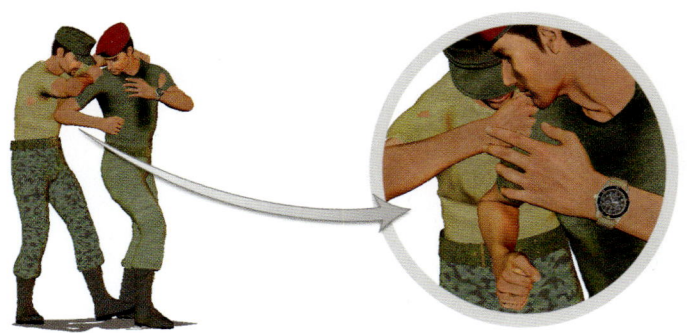

图8-2-2

图8-2-3

289

（3）然后，身体继续向右侧拧转，用力挣脱对方的抓扯，并快速退步，脱离对方的控制（图8-2-3）。

> **技术要领**
>
> ★要充分利用身体的转动来带动手臂的摆动，同时上体向前俯身，低头颔首，双肩向前下方挣脱。
>
> ★右肘向后捣击的动作可以是连续的，直至对方放松对我双肩的拉扯。右肘实施攻击时，左臂应该屈肘防护好自己下颌和前胸。

B 撩裆扫肘

【动作说明】

（1）实战中，敌人由背后用双手拉扯我双肩，欲将我摔倒或者拖走（图8-2-4）。

（2）我迅即向前俯身，双肩用力挣脱的同时，右脚抬离地面，右腿屈膝向后撩踢，以脚后跟为力点狠狠袭击对方腹股沟及生殖器部位（图8-2-5）。

图8-2-4

图8-2-5

（3）旋即，右脚向右前方落步，身体猝然左后转，借助身体拧转之势，带动左臂屈肘，以肘尖为力点在水平面上向左后方横扫，袭击敌人头部或者侧颈部（图8-2-6）。

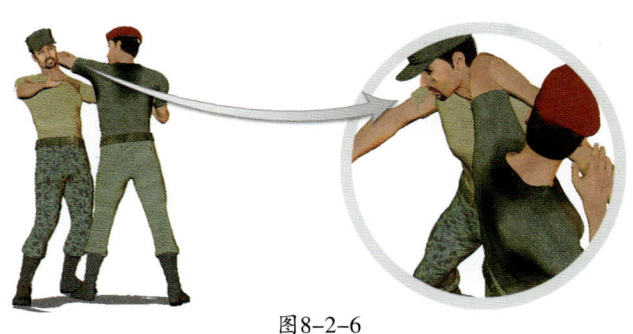

图8-2-6

★后撩踢是应付背后偷袭者最行之有效的腿法，当对方靠近我后背时，猝然屈膝向后上方撩踢，以脚后跟为力点攻击对方裆部，令其防不胜防。

★随后身体再左后转，动作要求敏捷、连贯、突然，双肩瞬间挣脱而出，进一步的扫肘反击要充分利用身体转动的惯性。

以色列国防军格斗技术全解——擒拿脱解

后记

终于在2015年夏末为这套丛书写下了最后一个句号，心情如窗外送来的微风一样，轻松和欣慰。

这次奉献给广大格斗爱好者的是一套全面详尽介绍以色列格斗技术的书籍，五本图书，仅插图就达6000余幅，较之以往著述，工作量堪称巨大，耗时耗力，着实对我是一种考验。

编撰这套丛书的过程中，笔者查找参阅了大量希伯来文、英文相关书籍与视频资料，并数次与多位中外格斗专家、老师进行了广泛的沟通与探讨。作为一名武术格斗运动的科普作者，笔者时刻提醒自己，要以客观的、科学的、严谨的态度来研究和介绍国外的格斗技术。余努力梳理思绪，竭尽语言表达、阐述能力，试图向大家还原、呈现一个真实的异邦技艺之本来面目。在书中针对技术动作进行的文字描述，力求通俗易懂、朴实流畅。附配插图则是采用电脑3D技术一幅幅精心绘制的，相较以往格斗书籍中采用的手绘图或者照片示范，更加生动新颖、准确到位。总之，是希望通过这些努力能够达到更好诠释格斗技术本质的目的，不恣意夸大，也不妄加贬低，不神化也不污名化，尽量将人家的东西原汁原味地呈现给读者，实事求是，以不负众望。

和其他军事强国的"军版"格斗术一样，以色列国防军格斗术也一直被认为是非常神秘的东西，其技术内容不像泰拳、截拳道那样家喻户晓。由于国内少有与此相关的专著或者翻译资料可作参考和借鉴，所以笔者在编撰本套丛书过程中遇到了很多困难。加之个人理论水平有限、实践经验不足，所著书籍中难免出现这样那样的纰漏与偏颇，诚不敢将此作为教材示人，仅作个人学习心

后记

得与总结分享给广大格斗爱好者，供参考并恳盼格斗界各位同仁和老师不吝斧正。您在阅读过程中如发现谬误之处，可通过笔者的微信、QQ等联络方式给予指正，以便在今后编撰类似书籍时更改、修校，为读者奉献出更加完美、严谨的作品。

真心感谢广大读者和网友多年来对我的厚爱！感谢武术格斗界同仁对我的无私帮助！感谢出版单位、编辑老师对我的大力支持！感谢大家！

最后，在丛书付梓之际，向父母及妻儿表示歉意，由于写作占用了大量精力，没有抽出更多时间来陪伴和照料家人，余内心诚惶诚恐，请谅解！

张　海

2015年8月30日于哈尔滨

图书在版编目(CIP)数据

擒拿脱解/张海编著. -- 太原：山西科学技术出版社，2016.4（2017.10 重印）

ISBN 978-7-5377-5312-8

Ⅰ.①擒… Ⅱ.①张… Ⅲ.①擒拿方法(体育)-图解 Ⅳ.①G852.4-64

中国版本图书馆 CIP 数据核字（2016）第 067358 号

擒拿脱解

出 版 人：	赵建伟
作 者：	张 海
策 划 编 辑：	徐俊杰
责 任 编 辑：	徐俊杰
责 任 发 行：	阎文凯
版 式 设 计：	侯亚萍
封 面 设 计：	吕雁军
出 版 发 行：	山西出版传媒集团·山西科学技术出版社
	地址：太原市建设南路 21 号　邮编：030012
编辑部电话：	0351 - 4922134　0351 - 4922107
发 行 电 话：	0351 - 4922121
经 销：	各地新华书店
印 刷：	山西新华印业有限公司
网 址：	www.sxkxjscbs.com
微 信：	sxkjcbs
开 本：	710mm×1010mm　1/16　印张：19.25
字 数：	293 千字
版 次：	2016 年 4 月第 1 版　2017 年 10 月第 2 次印刷
书 号：	ISBN 978-7-5377-5312-8
定 价：	62.00 元

本社常年法律顾问：王葆柯

如发现印、装质量问题，影响阅读，请与印刷厂联系调换。